AF474365

LES ARCHIVES DÉPARTEMENTALES DE FRANCE.

ANNUAIRE DE L'ARCHIVISTE

DES

PRÉFECTURES, DES MAIRIES ET DES HOSPICES,

1861-1862

(DEUXIÈME ANNÉE)

POUR FAIRE SUITE AU

MANUEL DE L'ARCHIVISTE,

CONTENANT

LES LOIS, DÉCRETS, ORDONNANCES, RÈGLEMENTS, CIRCULAIRES ET INSTRUCTIONS RELATIFS AU SERVICE DES ARCHIVES;

DES RENSEIGNEMENTS PRATIQUES POUR LEUR EXÉCUTION ET POUR LA RÉDACTION DES INVENTAIRES;

PAR M. AIMÉ CHAMPOLLION-FIGEAC.

PARIS,

IMPRIMERIE ET LIBRAIRIE ADMINISTRATIVES DE PAUL DUPONT, RUE DE GRENELLE-SAINT-HONORÉ, 45.

LIBRAIRIE ARCHÉOLOGIQUE DE J.-B. DUMOULIN, QUAI DES AUGUSTINS, 13.

1861

NOTE PRÉLIMINAIRE.

L'*Annuaire* de 1861-1862 a été rédigé sur le plan de celui de 1860; il peut servir ainsi de complément au *Manuel de l'Archiviste*, auquel le public a bien voulu faire un accueil favorable. Comme dans le précédent, on y trouvera :

ARCHIVES DÉPARTEMENTALES. — 1° L'état du personnel des Archivistes des préfectures, la date de leur nomination, leurs titres honorifiques, leur traitement et celui de leur adjoint, ou bien de leur auxiliaire; la liste des ouvrages qu'ils ont publiés, principalement en ce qui concerne les Archives et l'histoire départementale.

2° Les délibérations des Conseil généraux pendant la session du mois d'août 1860, relatives au service des Archives Départementales, Communales, Hospitalières et aux Bibliothèques Administratives. Elles sont précédées des rapports des préfets, contenant de précieux renseignements sur les collections formant chaque dépôt, sur les plus notables accroissements qu'ils ont reçus, enfin sur les travaux de classement et d'inventaire exécutés pendant l'année qui vient de s'écouler. On peut ainsi connaître l'état de ces quatre branches d'un même service et apprécier l'intérêt que chaque département attache à ses Archives. On suivra, par cette publication annuelle, toutes les phases d'améliorations diverses des Archives depuis l'année 1838, époque où la loi relative aux Conseils généraux a rendu obligatoires les dépenses de garde et d'entretien des Archives Départementales.

3° Les noms des départements et des arrondissements dont les Archives ont été inspectées cette année.

4° Les décrets et les nouvelles décisions, circulaires et instructions du Ministre de l'Intérieur, concernant les Archives, ainsi que quelques précédents administratifs utiles à connaître pour MM. les Archivistes.

5° Des *Notices historiques* sur les Archives des préfectures de l'Aisne, de l'Allier, des Basses-Alpes et des Hautes-Alpes, leurs origines, leur formation, la liste des collections dont elles se composent et les documents les plus importants, pour l'histoire ou l'administration, que l'on peut y consulter.

6° La liste des conseils généraux qui ont voté, sur la demande du Ministre, les fonds nécessaires pour faire imprimer les Inventaires sommaires des Archives de leur département.

Archives Communales. — La suite des noms des secrétaires et des employés de mairies, ou des littérateurs, chargés de rédiger les inventaires des Archives Communales. Une *Notice* sur les documents les plus importants des dépôts municipaux de l'Ain, de l'Aisne, de l'Allier, des Basses-Alpes et des Hautes-Alpes, destinée à en faire connaître le haut intérêt.

Archives des Hospices. — Il en est de même pour les Archives des hospices. Nous mentionnons les pièces les plus importantes des dépôts qui ont été inventoriés, soit par des élèves de l'École des Chartes, soit par des érudits des départements.

Les Bibliothèques administratives ne sont pas oubliées, et nous faisons connaître, avec quelques détails, celle du département de l'Aube, qui a une certaine valeur, et, grâce à une obligeante communication que nous devons à M. d'Arbois de Jubainville, l'un de nos plus zélés Archivistes départementaux; quelques autres Bibliothèques administratives se trouvent aussi décrites, entre autres celle du ministère de l'Intérieur, dont l'importance n'échappera à personne, puisque son catalogue a servi de modèle à celui des Bibliothèques des préfectures.

Comme l'année dernière, nous faisons un appel au concours de MM. les Archivistes; leur Annuaire pourra devenir d'une utilité plus générale, s'ils veulent bien nous communiquer des faits intéressants, ou des questions spéciales relatives à leur service administratif. Ces communications de leur part seront accueillies avec empressement et publiées sous leur nom lorsqu'ils le désireront (1).

Dans l'*Annuaire* de 1863, le nombre des *Notices sur les Archives départementales, Communales et des Hospices* sera plus considérable; nous n'aurons vraisemblablement pas de nombreuses circulaires nouvelles à reproduire. Les décisions administratives et les renseignements divers y auront aussi une large part.

---

(1) Toutes communications, réclamations, ou renseignements historiques doivent être adressés *franco* à M. Aimé Champollion, rue Joubert, 28, à Paris.

Voy. p. 29.

ARCHIVES DÉPARTEMENTALES ET COMMUNALES.

ENVELOPPES-LIASSES POUR LA CONSERVATION DES ARCHIVES DÉPARTEMENTALES ET COMMUNALES. — Librairie administrative de M. Paul Dupont, rue de Grenelle-Saint-Honoré, 45, à Paris.

Plusieurs instructions de Son Exc. M. le Ministre de l'intérieur prescrivent des mesures pour la conservation et la mise en ordre des Archives des *départements*, des *communes*, des *hospices* et des *établissements de bienfaisance.*

Toute facilité a été donnée pour la confection de ce travail par les cadres-modèles prescrits par les circulaires des 24 avril 1841, 16 juin 1842, 10 juin 1854 et 25 août 1857; cependant un grand nombre de communes et d'établissements ont encore à faire le classement et l'inventaire de leurs Archives.

La difficulté de se procurer à **un prix modique** des *enveloppes* ou *liasses* assez solides pour résister à un usage fréquent, a été jusqu'ici un grand obstacle à ce classement : aussi, sur la demande de l'Administration centrale, la librairie Paul Dupont a-t-elle fait préparer des *enveloppes en carton doublées de toile*, dont les prix, suivant le format, varient de 50 à 70 centimes l'exemplaire, savoir :

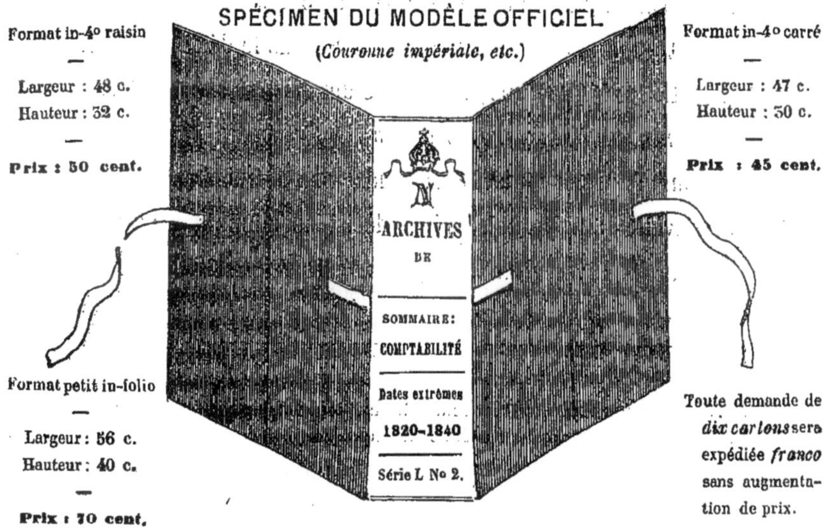

Format in-4° raisin
—
Largeur : 48 c.
Hauteur : 32 c.
—
Prix : 50 cent.

Format in-4° carré
—
Largeur : 47 c.
Hauteur : 30 c.
—
Prix : 45 cent.

Format petit in-folio
—
Largeur : 56 c.
Hauteur : 40 c.
—
Prix : 70 cent.

Toute demande de *dix cartons* sera expédiée *franco* sans augmentation de prix.

Nous croyons du reste devoir rappeler ici que les Archives communales modernes doivent être classées en quinze séries distinctes, savoir :

A. Lois.
B. Actes administratifs de la préfecture.
C. Livres divers.
D. Actes de l'administration municipale.
E. Etat civil.
F. Population et statistique.
G. Contributions.
H. Affaires militaires.
I. Police.
K. Personnel.
L. Comptabilité.
M. Biens communaux servant à usage public.
N. Biens communaux affermés, ou livrés à la jouissance commune.
O. Voirie.
P. Pièces diverses.

Quant aux *Archives communales antérieures à* 1790, elles ne se divisent qu'en neuf séries, désignées comme suit : — *AA*. Actes constitutifs de la commune; — *BB*. Administration communale; — *CC*. Impôts et comptabilité; — *DD*. Propriétés communales; — *EE*. Affaires militaires; — *FF*. Justice, procédure, police; — *GG*. Cultes, Instruction, Assistance publique; — *HH*. Agriculture, Industrie, Commerce; — *II*. Documents divers.

Ajoutons que vingt-cinq cartons au plus peuvent en général suffire aux Archives d'une commune rurale.

Prix pour 25 cartons (format in-4° raisin)................		12 fr. *franco.*
Par unité....................................	50 c.	» 55 c.
Port en sus....................................	5	

(*Extrait du Bulletin officiel du Ministère de l'intérieur.* — *N° de septembre* 1861.)

ANNUAIRE DE L'ARCHIVISTE

POUR 1861-1862.

SERVICE CENTRAL DES ARCHIVES DÉPARTEMENTALES.

Le service des Archives des préfectures, des mairies, des hospices et des Bibliothèques administratives, est du ressort du Ministère de l'Intérieur, Direction générale de l'Administration intérieure, — division du secrétariat.

Chef de division : M. de Martres ✻✻.

2e Bureau. — Archives départementales, communales et hospitalières. — Bibliothèques administratives. — Correspondance administrative. — Examen des Archivistes. — Publications de documents. — Révision, et centralisation des inventaires des documents antérieurs à 1790, déposés aux préfectures, aux mairies et aux hospices. — Impression de ces inventaires, d'après un cadre uniforme (décision du 12 août 1861). — Contrôle des suppressions et des ventes de papiers inutiles appartenant à toutes les administrations départementales. — Recherche et réunion aux dépôts départementaux de titres provenant des établissements supprimés en 1790 et dispersés dans diverses administrations. — Récolement des inventaires. — Inspection des Archives. — Suite à donner aux rapports des inspecteurs généraux. — Recherches à prescrire dans l'intérêt du domaine de l'État ou des travaux historiques ordonnés par les Ministres; communication avec déplacement des recueils pour les travaux de l'Institut impérial de France et d'autres sociétés savantes. — Questions à soumettre à la Commission centrale des Archives.

Chef de bureau : M. Aimé Champollion-Figeac.

Sous-chef : M. Jacob. — *Rédacteurs :* MM. Rochas, Baudillon, Pautet du Rosier, ✻, Cramail, comte de Bardonenche.

INSPECTEURS GÉNÉRAUX DES ARCHIVES DÉPARTEMENTALES.

MM : De Stadler ✻; Francis Wey (O ✻); De Rosière ✻.

BIBLIOTHÈQUE ADMINISTRATIVE DU MINISTÈRE DE L'INTÉRIEUR (1).

Bibliothécaire : M. Niel ✻ ; *Bibliothécaire adjoint* : M. Boulay-Paty ✻.

COMMISSION DES ARCHIVES DÉPARTEMENTALES, COMMUNALES ET HOSPITALIÈRES.

Son Exc. M. le Ministre de l'Intérieur, *président ;*

MM. Thuillier, conseiller d'État, directeur général de l'Administration intérieure; Mérimée, sénateur; de Saulcy, sénateur; comte Caffarelli, député; comte Léon de Laborde, directeur général des Archives de l'Empire; N. de Wailly, membre de l'Institut; Paulin Paris, membre de l'Institut; de La Saussaye, membre de l'Institut; Lacabane, directeur de l'École impériale des chartes; de Martres, chef de division du secrétariat; de Stadler, inspecteur général; Francis Wey, *idem* ; de Rozière, *idem* ; Marion, archiviste paléographe (2).

(1) Indépendamment de cette bibliothèque, Son Exc. M. le Ministre de l'Intérieur a réuni, dans son cabinet, une collection des principaux ouvrages relatifs aux arts, à la littérature et à l'histoire. (Voy. aussi ci-après, p. 147.)

(2) L'examen des inventaires des Archives départementales, communales et des hospices, fournis en exécution des circulaires des 24 avril 1841, 20 janvier 1854, 10 juin 1854 et 25 août 1857, exige beaucoup de temps. Ces instructions ont prescrit un cadre de classement uniforme pour tous les dépôts départementaux de la France : il importe au plus haut point que les travaux dont il s'agit soient contrôlés et centralisés, tant pour assurer l'uniformité de l'exécution, que pour réunir les éléments d'une publication complète et régulière de toutes les richesses historiques et administratives de la France. Les travaux d'inventaires ont pris, depuis quelques années, un développement considérable et donnent lieu à une correspondance étendue. Son Exc. M. le Ministre de l'intérieur vient d'ordonner l'impression de ces inventaires. (Voy. à la fin de l'*Annuaire* les circulaires de Son Excellence et le résultat du vote des Conseils généraux à ce sujet, p. 153.)

I. ARCHIVES DÉPARTEMENTALES.

1° PERSONNEL.

AIN. — *Archiviste :* M. Baux (Jules), nommé le 1er août 1838, confirmé par le Ministre le 24 juillet 1840, chevalier de la Légion d'honneur (1853) et des ordres des SS. Maurice et Lazare. Le conseil général lui a voté plusieurs fois des félicitations sur ses travaux, notamment aux sessions de 1840, 1847 et 1851. M. Baux est inspecteur des Archives Communales et Hospitalières et correspondant du Comité historique du ministère de l'Instruction publique.

Traitement : 2,400 fr. ; un auxiliaire, 600 fr. ; matériel 400 fr.

Publications : Histoire de l'église de Brou, in-8° ; Histoire de la réunion à la France des provinces de Bresse, Bugey, etc.; l'Église de Notre-Dame de Bourg.

AISNE. — *Archiviste :* M. Matton (Auguste), nommé le 1er avril 1848, confirmé par le Ministre le 1er mars 1850 ; il est membre correspondant du Comité des arts, de l'histoire et de la langue près le ministère de l'Instruction publique et licencié en droit. Le conseil général lui a voté plusieurs fois des félicitations. M. Matton est inspecteur des Archives Communales du département.

Traitement : 2,400 fr. ; frais d'inspection, 400 fr. ; un auxiliaire à 800 fr. ; matériel, 500 fr.

Publications : Annuaire historique du département de l'Aisne ; Armoiries des villes du département ; Notice sur l'Assemblée provinciale du Soissonnais ; Mémoire sur le collége de Laon, fondé en l'Université de Paris.

ALLIER. — *Archiviste :* M. Chazaud (Alphonse), *élève de l'École des Chartes*, licencié ès lettres, nommé le 30 août 1852. Le conseil général l'a chargé de rechercher dans les Archives et les Bibliothèques de Paris les documents concernant le département, et d'en rédiger l'inventaire analytique. Il est inspecteur des Archives Communales.

Traitement : 2,400 fr.; frais d'inspection, 300 fr.; un auxiliaire à 600 fr.; matériel, 200 fr.

Publications : Divers articles sur l'histoire du Bourbonnais, dans la Bibliothèque de l'École des Chartes et dans le Recueil de la Société d'émulation de l'Allier.

ALPES (Basses-). — *Archiviste :* M. Isenard (Cyriaque), nommé le 18 décembre 1841, confirmé par le Ministre le 20 avril 1842 ; a obtenu plusieurs fois des félicitations du Conseil général.

Traitement : 1,800 fr. et un logement; classement extraordinaire, 100 fr.

Publications : (Aucune).

ALPES (Hautes-) : *Archiviste :* M. Charronnet (Charles), *élève de l'École des Chartes*, nommé le 16 janvier 1852, est inspecteur des Archives Communales et correspondant du Comité historique du ministère de l'Instruction publique.

Traitement : 1,800 fr.; dépouillement et inspections, 680 fr.; un auxiliaire à 600 fr.

Publications : Notice historique sur les monastères de Durbon et de Berthaud. — Études sur les Sociétés savantes du département des Hautes-Alpes. — Les guerres de religion et la société protestante dans les Hautes-Alpes.

ALPES-MARITIMES. — *Archiviste :* M. Gallois-Montbrun, nommé à titre provisoire en juillet 1861.

Traitement : 2,000 fr.; un auxiliaire, 1,200 fr.; matériel, 1,000 fr.; Bibliothèque Admninistrative, 2,000 fr.

Publications.....

ARDÈCHE. — *Archiviste :* M. Mamarot (Hippolyte), bachelier ès lettres et en droit, nommé le 15 février 1844. Le Conseil général lui a voté plusieurs fois des félicitations.

Traitement : 2,600 fr.; inspection et frais divers, 500 fr.

Publications : (Aucune).

ARDENNES. — *Archiviste :* M. Hanotel (Nicolas), nommé le 28 février 1842, confirmé par le Ministre le 24 décembre de la même année. La Commission des Archives l'a recommandé à la bienveillance du Gouvernement en 1853.

Traitement : 2,000 francs; inspection, 300 fr.

Publications : (Aucune).

ARIÉGE. — *Archiviste :* M. Orliac (Jean-Louis), avocat, nommé le 19 décembre 1844, confirmé par le Ministre le 5 avril 1845.

Traitement : 2,400 fr.; un auxiliaire à 600 fr.; inspection, 300 fr.

Publications : (Aucune).

AUBE. — *Archiviste :* M. d'Arbois de Jubainville (Henry), *élève de l'École des Chartes*, licencié en droit, nommé le 27 janvier 1852, a obtenu de l'Académie des inscriptions et belles-lettres une première médaille au concours des antiquités de la France en 1859, un rappel de médailles en 1860 et quatre mentions très-honorables. Il est inspecteur des Archives Communales, correspondant du Comité historique du ministère de l'Instruction publique et officier d'académie.

Traitement : 3,000 francs; un Archiviste adjoint à 1,200 francs; matériel, 500 francs; frais d'inspection, 300 francs; estampillage des documents, 200 francs.

Publications : Recherches sur la minorité et ses effets en droit féodal; Pouillé du diocèse de Troyes; Voyage paléographique dans le département de l'Aube; Essai sur les sceaux des comtes de Champagne; Quelques observations sur les six premiers volumes de l'Histoire de France de M. Henri Martin; Histoire des ducs et comtes de Champagne, depuis le VIe siècle jusqu'à la fin du XIe (2 volumes in-8° ont déjà paru); Études sur l'état intérieur des abbayes Cisterciennes aux XIIe et XIIIe siècles, un volume in-8°.

AUDE. — *Archiviste :* M. Mouynès (Germain), nommé le 12 mars 1853, confirmé par le Ministre le 25 novembre 1853. Il est inspecteur des Archives Communales.

Traitement : 2,400 francs; frais d'inspection, 400 francs; matériel, 200 francs.

Publications : (Aucune).

AVEYRON. — *Archiviste :* M. Desjardins (Gustave-Adolphe), *élève de l'École des Chartes*, nommé le 24 décembre 1856. Il est inspecteur des Archives Communales.

Traitement : 2,000 fr. ; frais de reliure et de classement, 400 fr.

Publications : Mémoire sur les armoiries de Rodez, in-8° 1861.

BOUCHES-DU-RHÔNE. — *Archiviste :* M. Blancard (Louis), *élève de l'École des Chartes*, nommé le 25 mai 1858. Il est inspecteur des Archives Communales.

Traitement : 3,000 francs; frais d'inspection, 200 francs; un adjoint à 1,500 francs; entretien du matériel, 400 francs.

Publication : Catalogue des sceaux et bulles conservées aux Archives départementales, un volume de texte et un de planches, in-fol.

CALVADOS. — *Archiviste :* M. Châtel (Eugène), *élève de l'École des Chartes*, nommé le 1er janvier 1855.

Traitement : 3,000 francs; un auxiliaire, 720 francs.

Publications : Avec M. de Rozière, Table méthodique et analytique des Mémoires des Académies des inscriptions et belles-lettres et des sciences morales et politiques ; l'un des rédacteurs du Journal général de l'Instruction publique.

CANTAL. — *Archiviste :* M. Dacier, nommé le 13 avril 1861, confirmé par le Ministre le 20 du même mois, est inspecteur des Archives Communales.

Traitement : 2,000 francs; matériel, 300 francs; inspection des Archives Communales, 400 francs.

Publications : Divers articles littéraires.

CHARENTE. — *Archiviste :* M. Babinet de Rancogne, nommé le 22 décembre 1860; adjoint, M. Sénemaud.

Traitement : 2,500 francs; frais d'inspection, 300 francs.

Publication : Rapport sur les archives du greffe de la Sénéchaussée et siége présidial de l'Angoumois, in-8°, 1860.

CHARENTE-INFÉRIEURE. — *Archiviste :* M. Fauvelle (Jean-François), nommé le 15 juillet 1854.

Traitement : 2,400 francs.

Publication : Mémoire sur la conservation du Cadastre.

CHER. — *Archiviste :* M. Barberaud (Guill.-Ant.-Charles), *élève de l'École des Chartes*, licencié en droit, nommé le 1er février 1856. L'inspection des Archives Communales a été conservée à M. Barberaud père, ancien Archiviste.

Traitement : 2,000 francs; un auxiliaire, 1,500 francs ; matériel des Archives, 250 francs ; dépouillement extraordinaire, 400 francs.

Publications : (Aucune).

CORRÈZE. — *Archiviste :* M. Lacombe (Oscar), licencié en droit, nommé le 2 décembre 1854, confirmé par le Ministre le 4 février 1855. Il est inspecteur des Archives Communales et correspondant du Comité historique du ministère de l'Instruction publique.

Traitement : 2,200 francs; matériel, 100 francs.

Publication : Recherches sur la langue du bas Limousin, travail pour lequel il a reçu des félicitations de Son Exc. M. le Ministre de l'Instruction publique.

CORSE. — *Archiviste :* M. Friess-Colonna (Camille-Antoine), bachelier ès lettres et en droit, nommé le 19 août 1848, confirmé le 18 juin 1849. Il est correspondant du Comité historique du ministère de l'Instruction publique.

Traitement : 2,500 francs; dépouillement, 300 francs. Trois employés à 1,000, 750 et 550 francs.

Publications : Histoire de la Corse, in-8°; Histoire générale de la Corse, adoptée pour les écoles.

CÔTE-D'OR. — *Archiviste :* M. Rossignol (Claude), licencié ès lettres, lauréat de l'Institut, nommé le 19 septembre 1841, confirmé le 21 février 1842.

Traitement : 2,500 francs, plus un logement; deux auxiliaires à 800 et à 700 francs, un surnuméraire à 300 francs. Matériel, 870 fr.

Publications : Histoire de l'abbaye de Saint-Seine ; Histoire de Louis XI ; Des libertés de la Bourgogne, d'après des jetons frappés par ses États ; Alise, étude sur une campagne de César ; Le bailliage de Dijon sous Richelieu ; Histoire de Charles VIII ; Histoire de la ville de Beaune, etc.

Côtes-du-Nord. — *Archiviste :* M. Lamare (Jules), nommé le 7 mai 1860, confirmé le 13 novembre 1860 ; est bachelier ès lettres, officier d'Académie et inspecteur des Archives Communales.

Traitement : 2,400 francs ; un auxiliaire, 1,500 fr. ; un expéditionnaire, 360 francs ; matériel, 600 francs ; inspection des Archives Communales, 300 francs.

Publications : (Aucune).

Creuse. — *Archiviste :* M. Bosvieux (Jean-Bap.-Auguste), bachelier ès lettres, correspondant du Comité historique du ministère de l'Instruction publique, nommé le 1er novembre 1851, confirmé le.......... 1852. Il est inspecteur des Archives Communales.

Traitement : 2,200 francs ; mission à Paris, 500 francs ; matériel, 400 francs ; Bibliothèque administrative, 700 francs.

Publications : (Aucune).

Dordogne. — *Archiviste :* M. Dessalles (Jean-Léon), ancien Archiviste aux Archives générales de l'Empire à Paris, lauréat de l'Institut, nommé le 4 décembre 1854. Il est inspecteur des Archives Communales.

Traitement : 2,000 francs ; frais d'inspection, 400 francs ; un adjoint, 600 francs ; matériel, 500 francs ; Bibliothèque administrative, 500 francs.

Publications : Rapport sur les anciennes Archives des comtes de Périgord, in-8° ; Mémoire sur le Trésor des Chartes des rois de France ; Périgueux et les deux derniers comtes de Périgord ; Quelle a été l'influence de la croisade contre les Albigeois sur la langue et la littérature romane ?

Doubs. — *Archiviste :* M. Babey (François-Eugène), ancien Archiviste adjoint, nommé Archiviste, après douze années de service, le 11 octobre 1853, confirmé le 7 janvier 1854 sur la demande du Conseil général.

Traitement : 2,000 francs ; matériel 180 francs ; un aide à 600 fr.

Publications : (Aucune).

DRÔME. — *Archiviste :* M. Lacroix (André), nommé le 13 décembre 1860, confirmé le , est inspecteur des Archives Communales et membre de la Société française d'archéologie.

Traitement : 2,000 fr. ; un auxiliaire, 600 fr. ; matériel, 150 fr.

Publications : Notice historique sur Hauterive, 1854 ; divers articles littéraires.

EURE. — *Archiviste :* M. l'abbé Lebeurier (Pierre), *élève de l'École des Chartes*, licencié ès lettres, nommé le 12 mai 1851. Il est inspecteur des Archives Communales.

Traitement : 2,400 francs; frais d'inspection, 500 francs; un auxiliaire à 1,500 francs ; un expéditionnaire à 800 francs ; matériel, 2,000 fr. ; Bibliothèque administrative, 300 francs.

Publications : Rôle des taxes de l'arrière-ban du bailliage d'Évreux en 1562, avec une introduction. Paris, 1861. — Quelques articles dans la Bibliothèque de l'École des Chartes et dans les Mémoires de la Société libre de l'Eure.

EURE-ET-LOIR. — *Archiviste :* M. Merlet (Lucien-Victor-Claude), *élève de l'École des Chartes*, licencié ès lettres, bachelier ès sciences, nommé le 17 octobre 1852, est inspecteur des Archives Communales et correspondant du Comité historique du ministère de l'Instruction publique.

Traitement : 3,000 francs; frais d'inspection, 200 francs.

Publications : Cartulaire de Vaux de Cernay et divers articles dans la Bibliothèque de l'École des Chartes.

FINISTÈRE. — *Archiviste :* M. Le Men (René), bachelier ès lettres, nommé le 17 décembre 1851, confirmé par le Ministre le 19 juillet 1853, est inspecteur des Archives Communales.

Traitement : 2,200 fr. ; auxiliaire, 500 fr. ; matériel, 300 fr.

Publication : Monographie de la cathédrale de Quimper.

GARD. — *Archiviste :* M. Chamand (Antoine-Joseph), chevalier de la Légion d'honneur (1815), nommé Archiviste le 20 septembre 1839, confirmé par le Ministre le 19 juin 1840.

Traitement : 3,000 fr. ; un auxiliaire, 600 fr. ; matériel, 350 fr.

Publications : (Aucune.)

Garonne (Haute-). — *Archiviste :* M. Baudouin (Auguste-Adolphe), *élève de l'École des Chartes,* ancien Archiviste de la Haute-Marne ; nommé, dans la Haute-Garonne, le 31 décembre 1856, est correspondant du Comité historique du ministère de l'Instruction publique. M. Judicis, premier adjoint, chargé des Archives judiciaires; deuxième adjoint, M. Lapierre.

Traitement : 3,000 francs; frais d'inspection, 400 francs; deux adjoints archivistes, 1,500 et 1,400 francs ; deux employés à 900 et à 400 francs ; matériel, 350 francs.

Publications : Des articles dans la Bibliothèque de l'École des Chartes.

Gers. — *Archiviste :* M. Niel (Gabriel), nommé le 7 août 1858, confirmé le 5 mai 1859, est inspecteur des Archives Communales.

Traitement : 2,000 francs ; matériel, 400 francs.

Publications : Divers articles sur les arts au moyen âge.

Gironde. — *Archiviste :* M. Gras (Jean-Baptiste), nommé le 31 décembre 1837.

Traitement : 3,000 francs ; deux employés, un à 1,200 francs et à 700 francs; matériel, 580 francs.

Publication : Manuel des poids et mesures.

Hérault. — *Archiviste :* M. Thomas (Eugène), bachelier ès lettres, lauréat de l'Institut, nommé le 31 décembre 1838, confirmé par le Ministre le 29 juin 1840, est inspecteur des Archives Communales.

Traitement : 4,000 francs, y compris les frais d'inspection; un auxiliaire à 1,400 francs ; matériel, 200 francs.

Publications : Annuaire départemental; Description du département, 1838 ; Essai historique et descriptif sur Montpellier ; Introduction bibliographique à l'histoire du Languedoc ; Mémoire sur l'histoire, la géographie, etc., du département, deux volumes in-4°.

Ille-et-Vilaine. — *Archiviste :* M. Quesnet (Édouard), correspondant du Comité historique du ministère de l'instruction publique, nommé le 25 avril 1853; ancien Archiviste Communal de l'Oise.

Traitement : 2,200 francs ; un auxiliaire à 1,300 francs ; matériel, 240 francs.

Publications : Documents divers, dans les *Mélanges de la collection des documents inédits;* Rapport sur les Archives Communales de l'Oise; Aperçu sur les Archives d'Ille-et-Vilaine; Mélanges d'histoire et d'archéologie bretonne.

INDRE. — *Archiviste :* M. Desplanques (Alexandre), *élève de l'École des Chartes*, nommé le 2 novembre 1858.

Traitement : 2,000 francs; auxiliaire, 900 francs; matériel, 420 francs.

Publications : (Aucune).

INDRE-ET-LOIRE. — *Achiviste :* M. Loyseau de Grandmaison (Charles), *Elève de l'École des Chartes*, nommé le 7 décembre 1852.

Traitement : 3,000 francs; frais d'inspection, 100 francs; matériel, 200 francs.

Publications : Du commerce au moyen âge; Dictionnaire héraldique; Des appels en cour de Rome jusqu'au concile de l'an 347; Notice sur les Archives d'Indre-et-Loire; la Touraine sous la domination des comtes d'Anjou.

ISÈRE. — *Archiviste :* M. Pilot-Dethorey (Jean-Joseph-Antoine), ancien Archiviste adjoint, nommé Archiviste le 20 juillet 1850, confirmé par le Ministre le 31 du même mois.

Traitement : 2,500 francs, plus un logement; un adjoint, 400 francs; inventaire de la sous-préfecture de la Tour-du-Pin, 100 francs; inspection, 100 francs.

Publications : Recherches sur les antiquités dauphinoises; Histoire municipale de Grenoble; Statistique de l'Isère; Histoire de Grenoble.

JURA. — *Archiviste :* M. Juncà ( ), *élève de l'École des Chartes*, nommé le 15 octobre 1859.

Traitement : 2,400 francs, un auxiliaire à 1,200 francs; matériel, 400 francs.

Publications : (Aucune).

LANDES. — *Archiviste :* M. Tartière (Jean-Henri), bachelier ès-lettres, ancien professeur, nommé le 7 mars 1861, confirmé le...

Traitement : 1,800 francs.

Publications : (Aucune).

LOIR-ET-CHER.— *Archiviste :* M. de Martonne (Alfred), *élève de l'École des Chartes*, nommé le 30 janvier 1854; est inspecteur des Archives Communales.

Traitement : 2,400 francs; un auxiliaire à 600 francs; matériel, 628 francs.

Publications : Les Grandes écoles et colléges de Blois; Notice sur les Archives de l'église Saint-Martin de Vendôme; Rapports sur les Archives Départementales, Communales et Hospitalières de Loir-et-Cher. — Le grand cartulaire de Blois (prospectus).

LOIRE. — *Archiviste :* M. Chaverondier, docteur en droit, nommé le 31 mai 1861; est inspecteur des Archives Communales.

Traitement : 2,500 francs; frais d'inspection, 400 francs; matériel, 500 francs.

Publications : Inventaire des titres du Forez.

LOIRE (HAUTE-).—*Archiviste :* M. Aymard (Auguste), nommé le 23 janvier 1840, correspondant du Comité historique du ministère de l'Instruction publique et de la Commission des monuments historiques. Cette dernière commission a décerné une médaille à M. Aymard, etc., etc. Il est inspecteur des Archives Communales. (Voyez le *Manuel*, p. 176, pour les travaux de M. Aymard relatifs aux Archives des communes.)

Traitement : 2,400 francs; matériel, 200 francs.

Publications : Catalogue des titres de la Maison Consulaire de la ville du Puy; Album photographique d'archéologie religieuse; nombreux mémoires sur des questions d'histoire et d'archéologie.

LOIRE-INFÉRIEURE. — *Archiviste :* M. Ramet (François-Mathurin), nommé le 1er janvier 1841.

Traitement : 2,800 francs; un auxiliaire à 800 francs, qui est chargé de rédiger les inventaires sommaires; matériel, 300 francs.

Publications : (Aucune).

LOIRET. — *Archiviste :* M. Maupré (François-Alphonse), *élève de l'École des Chartes*, nommé le 8 janvier 1861.

Il est inspecteur des Archives Communales.

Traitement : 3,000 francs; un auxiliaire à ... francs.

Publications : (Aucune).

LOT. — *Archiviste :* M. Combarieu (François), nommé le 15 janvier 1850; est inspecteur des Archives Communales.

Traitement : 2,000 francs; matériel, 400 francs.

Publications : (Aucune).

LOT-ET-GARONNE. — *Archiviste :* M. Croset (Ernest-Edouard), *élève de l'École des Chartes*, nommé le 3 mai 1857, est inspecteur des Archives Communales, correspondant du Comité historique du ministère de l'Instruction publique, membre de la Commission d'architecture du département et de la Société d'agriculture, sciences et arts d'Agen.

Traitement : 2,000 francs; matériel, 400 francs; réparations au local, 200 francs; classement des Archives de Gourdon (sous-préfecture), 200 francs; inspection, 900 francs; Bibliothèques administratives, 300 francs.

Publications : Troubles démocratiques à Agen au XIVe siècle; Notice sur la commune de Lamontjoye. — Catalogue indicatif des titres intéressant le département de Lot-et-Garonne conservés aux Archives de l'Empire et à la préfecture de la Gironde. — Coutume de Lamontjoie (*Revue du droit français*). — Recueil de la Société des sciences et arts d'Agen (divers articles).

LOZÈRE. — *Archiviste :* M. l'abbé Baldit (François), bachelier ès lettres, officier de l'Université, correspondant du Comité historique du ministère de l'Instruction publique, nommé le 10 août 1848.

Traitement : 1,500 francs; reçoit, de plus, annuellement, une gratification de 200 francs.

Publications : Poésies françaises et patoises, dans le Bulletin de la société d'agriculture, et quelques documents historiques inédits.

MAINE-ET-LOIRE. — *Archiviste* : M. Port (Célestin), *élève de l'École des Chartes*, licencié ès lettres, lauréat de l'Institut, nommé le 20 décembre 1854; est inspecteur des Archives Communales.

Traitement : 2,600 francs; frais d'inspection, 100 francs; un auxiliaire à 1,100 francs ; matériel, 300 francs.

Publications : Mémoire historique sur les inondations dans le département de Maine-et-Loire, divers articles dans la Bibliothèque de l'École des Chartes, dans la Biographie générale de Firmin Didot, collaborateur de l'ouvrage Le Maine et l'Anjou ; Inventaire analytique des Archives anciennes de la mairie d'Angers, suivi de documents inédits, 1861, grand in-8°.

MANCHE. — *Archiviste* : M. Dubosc (François), nommé le 31 décembre 1838 ; correspondant du Comité historique du ministère de l'Instruction publique.

Traitement : 2,500 francs; deux auxiliaires à 800 francs chacun; matériel, 500 francs.

Publications : Notice sur la baronnie de la Haye-du-Puits; sur l'église Notre-Dame de Saint-Lô ; sur l'abbaye de la Perrine et sur l'occupation de la Normandie au XVe siècle.

MARNE. — *Archiviste* : M. Hatat (Noël), nommé le 15 janvier 1850, confirmé par le Ministre le 27 mai 1851.

Traitement : 2,000 francs ; un auxiliaire à 800 francs ; matériel, 400 francs; inspection, 300 francs; classement des papiers des sous-préfectures, 700 francs.

Publications : (Aucune.)

MARNE (HAUTE-). — M. Chéron (Paul), *élève de l'École des Chartes*, nommé le 26 novembre 1860.

Traitement : 2,000 francs ; un employé à 800 francs ; matériel, 250 francs.

Publications : (Aucune.)

MAYENNE. — *Archiviste* : M. Noël (Joseph-Julien), nommé le 20 mai 1843, confirmé par le Ministre le 31 mai 1844 ; est inspecteur des Archives Communales.

Traitement : 1,600 francs ; un auxiliaire à 400 francs ; matériel, 80 francs ; frais d'inspections, 300 francs ; Bibliothèque administrative, 300 francs.

Publications : (Aucune.)

MEURTHE. — *Archiviste* : M. Lepage (Amédée-Henri), bachelier ès lettres, nommé le 8 janvier 1846, confirmé par le Ministre le 4 février suivant. Il est correspondant du Comité historique du ministère de l'Instruction publique et chevalier de l'ordre de François-Joseph d'Autriche, a obtenu plusieurs mentions très-honorables à l'Institut impérial de France.

Traitement : 3,000 francs, plus un logement ; matériel, 200 francs.

Publications : Histoire de Nancy, in-8° ; Statistique de la Meurthe, in-8° ; Statistique des Vosges ; Les communes de la Meurthe ; Annuaires de la Meurthe.

MEUSE. — *Archiviste* : M. Marchal (Pierre-Adolphe), nommé le 1er janvier 1839, confirmé par le Ministre le 14 août 1854.

Traitement : 2,200 francs ; matériel, 400 francs ; dépouillement extraordinaire des Archives, 500 francs.

Publications : (Aucune.)

MORBIHAN. — *Archiviste* : M. Rosenzweig (Louis-Théophile), *élève de l'École des Chartes*, nommé le 1er mai 1855. Il est bachelier ès sciences, inspecteur des Archives Communales et correspondant du Comité historique du ministère de l'Instruction publique.

Traitement : 2,600 francs ; frais d'inspection, 600 francs ; un auxiliaire, 500 francs ; matériel, 300 francs.

Publication : De l'office de l'amiral en France, du XIIIe au XVIIe siècle.

MOSELLE. — *Archiviste* : M. Sauer (Charles-Louis), nommé le 24 décembre 1838, confirmé par le Ministre le 9 octobre 1840.

Traitement : 2,100 francs (avec logement) ; un auxiliaire, 1,000 francs ; matériel, 600 francs.

Publications : La Moselle administrative ; Almanach spécial du commerce de Metz ; Aide-mémoire de l'officier de l'état civil.

NIÈVRE. — *Archiviste* : M. Leblanc Bellevaux (Félix), bachelier ès lettres et en droit, nommé le 14 mai 1855, confirmé le 13 novembre 1856.

Traitement : 1,800 francs; matériel : 300 francs.

Publications : (Aucune.)

NORD. — *Archiviste* : M. Leglay (André), chevalier de la Légion d'honneur, membre correspondant de l'Institut, docteur en médecine, ancien Archiviste et bibliothécaire de la ville de Cambrai, chevalier de l'ordre de Léopold de Belgique et du pape Saint-Grégoire-le-Grand, inspecteur des Archives Communales; nommé le 30 mars 1835 avec le titre d'*Archiviste général du département du Nord*. M. Leglay est le doyen des Archivistes départementaux.

Traitement : 5,000 francs avec logement; deux employés à 1,800 francs chacun et un troisième à 1,000 francs; matériel, 900 francs; inspection des Archives Communales, 500 francs.

Publications : Recherches sur l'église métropolitaine de Cambrai, in-4°; Notice sur les principales fêtes et cérémonies publiques qui ont eu lieu à Cambrai, depuis le XIe siècle jusqu'à nos jours; Lettres sur les duels judiciaires dans le nord de la France; Chronique de Balderic; Notice sur les Archives de la Chambre des comptes de Lille; Mémoires sur les actes relatifs à l'Artois, conservés aux Archives du Nord; Recherches sur les premiers actes publics rédigés en français; Anecdotes historiques; Correspondance de Maximilien, empereur; Notice sur les Archives Communales du Nord; Histoire et description des Archives générales du département du Nord (deux éditions); Négociations diplomatiques entre la France et l'Autriche, etc.

OISE. — *Archiviste* : M. Auxcousteaux de Conty (Louis-Alexis-Em.), avocat, nommé le 15 juillet 1836. Il est inspecteur des Archives Communales.

Traitement : 2,000 francs; frais d'inspection, 300 francs.

Publications : (Aucune.)

ORNE. — *Archiviste* : M. Gravelle-Desulis (Pierre-Jacques), nommé le 15 octobre 1849.

Traitement : 2,000 francs ; un auxiliaire à 600 francs ; matériel, 300 francs ; inspection, 500 francs.

Publications : Notices sur les abbayes de Silly ; sur Saint-Martin du vieux Bellême ; sur Alménêches, sur la ville d'Argentan, etc.

PAS-DE-CALAIS. — *Archiviste :* M. Godin (Georges), ancien archiviste-adjoint, nommé archiviste le 1er janvier 1837. Il est inspecteur des Archives Communales, et a obtenu une mention honorable au concours de l'Académie des inscriptions et belles-lettres.

Traitement : 3,000 francs (avec logement) ; deux employés à 1,400 francs ; matériel : 450 francs ; inspection, 300 francs.

Publications : Notice sur le beffroi de l'hôtel de ville d'Arras ; Dictionnaire historique des rues d'Arras, etc.

PUY-DE-DÔME. — *Archiviste :* M. Cohendy (Michel), bachelier ès lettres, nommé le 26 décembre 1848.

Traitement : 2,400 francs ; un aide, 600 francs ; matériel, 1,200 francs.

Publications : (Aucune.)

PYRÉNÉES (BASSES-). — *Archiviste :* M. Lechien (Raymond-Paul), *élève de l'École des Chartes*, nommé le 18 janvier 1858 ; est inspecteur des Archives Communales.

Traitement : 2,300 francs ; frais d'inspection, 650 francs ; matériel, 100 francs ; un auxiliaire à 600 francs.

Publications : La Bibliothèque de don Carlos, prince de Vianne, Lettres inédites du roi Henri IV.

PYRÉNÉES (HAUTES-). — *Archiviste :* M. Magenties, nommé le 1er janvier 1842. Il est inspecteur des Archives Communales.

Traitement : 2,300 francs ; un aide, 800 francs ; matériel, 100 francs.

Publications : (Aucune).

PYRÉNÉES-ORIENTALES. — *Archiviste :* M. Morer (Joseph), bachelier ès lettres, licencié en droit, nommé le 12 février 1839, confirmé par le Ministre le 10 juillet 1840 ; est inspecteur des Archives Communales.

Traitement : 2,300 francs ; un auxiliaire, 400 francs ; matériel, 150 francs ; frais d'inspection, 200 francs.

Publications : (Aucune.)

RHIN (BAS-). — *Archiviste :* M. Spach (Adolphe), chevalier de la Légion d'honneur, bachelier ès lettres et en droit, nommé le 30 octobre 1839 ; il est inspecteur des Archives Communales et correspondant du Comité historique du ministère de l'Instruction publique.

Traitement : 3,500 francs ; frais d'inspection, 300 francs ; un auxiliaire à 700 francs ; matériel, 600 francs.

Publications : Biographie des Alsaciens illustres ; Correspondance d'Elisabeth d'Autriche ; Rapports annuels sur les travaux exécutés aux Archives Départementales ; Monographie du château de Mohkoenizsbourg et sur l'abbaye de Wissembourg.

RHIN (HAUT-). — *Archiviste :* M. Brièle (Louis), *élève de l'École des Chartes*, nommé le 31 juillet 1858 ; est inspecteur des Archives Communales.

Traitement : 2,000 francs ; un auxiliaire, 800 francs ; matériel, 200 francs.

Publications : (Aucune.)

RHÔNE. — *Archiviste du département du Rhône et de la ville de Lyon :* M. Gauthier (Jean-Prosper), nommé le 25 août 1848, confirmé par le Ministre le 27 mars 1850 ; est inspecteur des Archives Communales, membre correspondant du Comité historique près le Ministère de l'Instruction publique et du Comité d'histoire et d'archéologie de Lyon.

Traitement : 4,000 francs ; un aide à 600 francs ; matériel, 500 francs.

Archiviste adjoint chargé des Archives Communales : M. Rolle (Jacques-François), 2,500 francs ; deux employés à 1,500 et 1,400 francs ; reliure, 200 francs.

Publications de M. Gauthier : Divers articles relatifs à l'Histoire du département dans la Revue Lyonnaise. — Documents inédits relatifs au connétable de Richemont. — M. Rolle a publié : Documents historiques (dans les Archives de l'art français et dans la Revue Lyonnaise) sur le peintre Perréal, et le Catalogue raisonné des Estampes de la Bibliothèque de Lyon.

SAÔNE (HAUTE-). — *Archiviste* : M. Noël (Jean), nommé le 25 août 1842, confirmé par le Ministre le 24 décembre de la même année.

Traitement : 2,000 francs.

Publication : (aucune.)

SAÔNE-ET-LOIRE. — *Archiviste* : M. Ragut (Camille), ancien bibliothécaire, nommé le 15 août 1842, confirmé le 5 avril 1845 ; est inspecteur des Archives Communales et correspondant du Comité historique du ministère de l'Instruction publique.

Traitement : 2,000 francs ; frais d'inspection, 300 francs ; un aide à 600 francs ; matériel : 350 francs ; Bibliothèque administrative, 500 francs ; Archives des sous-préfectures, 300 francs ; pour le cadastre, 850 francs.

Publications : Statistique du département de Saône-et-Loire ; Cartulaire de Saint-Vincent de Mâcon ; Comptes rendus des travaux de la société du Mâconnais.

SARTHE. — *Archiviste* : M. Lepelletier-Deslandes, nommé le 1er mai 1857, confirmé le 23 février 1860.

Traitement : 2,500 francs ; matériel : 300 francs.

Publications : Charles VI au Mans, Études historiques, Travaux littéraires dans le Bulletin de la Société d'agriculture et arts de la Sarthe.

SAVOIE. — *Archiviste* : M. de Jussieu (Jean-Antoine-Alexis), ancien Archiviste de la Charente ; nommé le juillet 1860, en Savoie, officier d'Académie, correspondant du Comité historique du Ministère de l'Instruction publique, membre de cinq Sociétés savantes, Inspecteur des monuments historiques de la Savoie.

Traitement : 3,000 fr. un adjoint, 1,600 ; un auxiliaire, 1,000 fr. ; matériel, 2,000 francs.

Publications : (Aucune.)

SAVOIE (HAUTE-). — *Archiviste* : M. Lecoy (Albert), *élève de l'École des Chartes*, nommé le 21 mai 1861.

Traitement : 2,200 francs.

Publication : De l'autorité de Grégoire de Tours, Paris, 1861, in-8°.

SEINE-INFÉRIEURE. — *Archiviste* : M. Robillard de Beaurepaire (Charles-Marie), *élève de l'École des Chartes*, nommé le 31 mars 1851. Il est bachelier en droit et a obtenu une mention honorable au concours de l'Académie des inscriptions et belles-lettres.

Traitement : 3,300 francs ; frais d'inspection, 300 francs ; un archiviste adjoint à 2,000 francs ; deux employés à 1,500 et 700 francs ; matériel : 400 francs.

Publications : Notice sur Jean Masselin, auteur du Journal des États de 1484 ; Entrée de Charles VIII à Rouen, en 1485 ; Essai sur l'asile religieux dans l'empire romain et la monarchie française ; De la Vicomté de l'eau de Rouen et de ses coutumes aux XIIIe et XIVe siècles ; Note sur la prise du château de Rouen.

SEINE-ET-MARNE. — *Archiviste :* M. Lemaire (Côme), nommé le 13 novembre 1839, confirmé par le Ministre le 31 janvier 1844 ; est inspecteur des Archives Communales.

Traitement : 2,500 francs ; frais d'inspection, 600 francs ; un employé, à 1,100 francs ; matériel, 700 francs.

Publications : (Aucune.)

SEINE-ET-OISE. — *Archiviste :* M. Sainte-Marie Mévil (Charles-Henri), *élève de l'École des Chartes*, avocat, auxiliaire de l'Académie des inscriptions et belles-lettres ; nommé le 20 décembre 1859 ; est inspecteur des Archives communales.

Traitement : 3,000 francs ; trois employés à 1,200, 1,100 et 800 francs ; frais d'inspection, 300 francs ; matériel, 700 francs.

Publications : Chartes de la Charité de N.-D. de la Couture ; et Documents relatifs à Bernai ; Caffa et les colonies génoises de la Crimée ; l'Abbaye N.-D. d'Yerres.

SÈVRES (DEUX-). — *Archiviste :* M. Goujet, *élève de l'École des Chartes*, nommé le 30 juillet 1859.

Traitement : 1,800 francs ; matériel, 150 francs.

Publication : ...

SOMME. — *Archiviste :* M. Boca (Louis-Napoléon), avocat, *élève de l'École des Chartes*, nommé le 4 décembre 1850, confirmé le 11 décembre même année.

Traitement : 2,300 francs ; un adjoint à 500 francs ; un employé à 300 francs ; matériel : 200 fr. Bibliothèque administrative, 300 fr.

Publications : Li romans de Bauduin de Seboure, 2 volumes in-8°.

TARN. — *Archiviste :* M. Jolibois (Emile), ancien archiviste communal, nommé le 22 août 1859; le conseil général lui a voté des félicitations.

Traitement : 2,400 francs; un adjoint, 600 francs; matériel, 300 francs.

Publications : La Haute-Marne ancienne et moderne, ouvrage illustré de gravures sur bois et de cartes, grand in-8°, 1858.

TARN-ET-GARONNE. — *Archiviste :* M. Kroëber (Auguste), *élève de l'École des Chartes*, nommé le 4 mai 1859.

Traitement : 2,100 francs; un employé, 400 francs; matériel, 300 francs.

Publications : Coutumes de Gourdon, in-8°, 1860.

VAR. — *Archiviste :* M. Ricaud (Antoine), nommé le 8 septembre 1847, confirmé par le Ministre le 19 février 1848; est inspecteur des Archives Communales.

Traitement : 2,500 francs; un auxiliaire à 720 francs; matériel, 300 francs.

Publication : (Aucune.)

VAUCLUSE. — *Archiviste :* M. Achard (Xavier), nommé le 29 janvier 1839; est inspecteur des Archives Communales.

Traitement : 3,000 francs, avec logement; frais d'inspection : 300 francs; deux employés 1,600 francs; matériel : 300 francs.

Publications : Annuaire statitisque et historique de Vaucluse; Notice sur la culture de la garance; Notice sur les anciens remparts d'Avignon; Notice sur l'ancienne généralité d'Avignon; Notice sur quelques anciens artistes d'Avignon; Dictionnaire historique des rues et des places publiques d'Avignon.

VENDÉE. — *Archiviste :* M. Filaudeau (Louis-Marie), bachelier ès lettres, nommé le 20 septembre 1837, confirmé le 7 juillet 1840.

Traitement : 2,000 francs.

Publications : (Aucune.)

VIENNE. — *Archiviste :* M. Rédet (François-Xavier-Louis), *élève de l'École des Chartes* et correspondant du Comité historique du ministère de l'Instruction publique, nommé le... avril 1834. La Commission des Archives l'a recommandé à la bienveillance du Gouvernement.

Traitement : 3,000 francs ; un aide à 1,500 francs ; inspection des Archives Communales, 500 francs ; matériel, 600 francs.

Publications : Tableau chronologique des chartes contenues dans les 27 volumes de D. Fonteneau ; Chartes du chapitre de Saint-Hilaire de Poitiers.

VIENNE (HAUTE-).—*Archiviste :* M. Ardant (Jean-Maurice), lauréat de l'Institut, nommé le 14 janvier 1854, confirmé le 4 juin 1855 ; est inspecteur des Archives Communales.

Traitement : 2,000 francs ; matériel, 150 francs ; dépouillement extraordinaire, 300 francs ; Bibliothèque administrative, 400 francs.

Publications : Histoire de l'église de Saint-Pierre-Duqueyroix ; Les émailleurs et les émaux ; traduction de Suétone, etc.

VOSGES. — *Archiviste :* M. Guéry (Charles), nommé le 13 mai 1853, confirmé par le Ministre le 21 décembre 1855.

Traitement : 2,000 francs ; un auxiliaire à 600 francs ; matériel, 200 francs ; inspection, 400 francs.

Publications : (Aucune.)

YONNE. — *Archiviste :* M. Quantin (Mathieu-Maximilien), chevalier de la Légion d'honneur (1853), nommé Archiviste le 28 avril 1833, confirmé par le Ministre le 5 juillet 1843 ; est inspecteur des Archives Communales et correspondant du Comité historique du ministère de l'Instruction publique.

Traitement : 3,000 francs, avec logement, et 800 comme Bibliothécaire de la ville ; matériel des Archives : 300 francs ; achat de chartes, 100 francs.

Publications : Dictionnaire diplomatique ; Inventaire des Archives historiques de l'Yonne ; Cartulaire général de l'Yonne ; Mémoires sur l'histoire du diocèse d'Auxerre ; Notices historiques sur l'annuaire du département.

2° DÉLIBÉRATIONS DES CONSEILS GÉNÉRAUX RELATIVES AUX ARCHIVES PENDANT LA SESSION DU MOIS D'AOUT 1860. (Budget de 1861.)

AIN. (Voyez, sur les précédentes délibérations de cette assemblée, *Manuel*, p. 342.) — *Rapport du Préfet.* L'Archiviste poursuit avec activité l'inventaire sommaire des Archives Départementales antérieures à 1790. Je vous communique la série G qu'il achève en ce moment. Par l'examen de ce document, ainsi que par le rapport de fin d'année qui l'accompagne, le Conseil pourra se rendre compte de l'ensemble du travail et de son importance.

Indépendamment des crédits ordinaires, le Conseil général vote une somme de 200 francs pour frais de mise en ordre des Archives de la sous-préfecture de Trévoux, à la condition qu'à la première session, il sera rendu compte de l'emploi des sommes votées, et de ce qui aura été fait pour le classement des archives.

Le Conseil renouvelle, *dans les termes les plus pressants*, sa demande de réintégration à Bourg des archives appartenant au département de l'Ain, qui sont en ce moment à Dijon.

AISNE. (Voyez les précédentes délibérations du Conseil, *Manuel*, p. 343.) — *Rapport du Préfet.* Le classement des Archives Départementales a été encore retardé cette année par suite de l'insuffisance du local; cet inconvénient disparaîtra bientôt. Les bâtiments destinés à la Bibliothèque communale de la ville de Laon sont maintenant disposés; mais, comme il faut que l'humidité disparaisse des murs et que des rayons soient établis, avant que le nouveau local puisse recevoir les volumes de cette bibliothèque, il en résulte que les Archives souffrent de ce retard.

D'après les observations de M. l'Inspecteur général, des améliorations ont été obtenues dans le rangement des papiers; quatre cents enveloppes cartonnées (1) ont été faites d'après ses instruc-

---

(1) Ces enveloppes cartonnées, recommandées par MM. les Inspecteurs généraux et dont le modèle est joint à l'*annuaire*, Pl. I, se trouvent chez M. Paul Dupont, au prix de 45 francs le 100 ou 50 centimes pièce recouvertes en toile, et 25 centimes non recouvertes.

tions verbales. Ce système aura pour effet de faire disparaître ce qu'il y a de fâcheux aujourd'hui, à savoir, l'aspect délabré de liasses généralement trop volumineuses, et par conséquent trop incommodes; ces cartons permettront de donner aux fonds classés un aspect plus convenable, car l'état matériel des Archives laissait à désirer. La nécessité de mettre en ordre les Archives administratives n'a pas été perdue de vue; mais M. l'Archiviste n'a pu faire qu'un travail préparatoire faute d'un local définitif (1).

ALLIER. — *Rapport du Préfet.* Les archives du département sont maintenant classées en entier, et les catalogues des séries anciennes terminés, moins les tables qui seront l'objet du travail de la fin de cette année. Les Archives modernes, c'est-à-dire postérieures à 1789, sont pour ainsi dire à jour, les pièces non inventoriées ayant reçu déjà un classement provisoire, et celles qui ne doivent pas être conservées au delà d'un certain laps de temps ayant été mises de côté.

M. Chazaud, pendant son séjour à Paris, a terminé la copie des extraits des titres de la Chambre des Comptes de Moulins, matériaux inédits de l'histoire de la province Bourbonnaise. La communication des Cartulaires de Cluny, que nous devons à l'obligeance empressée de M. le Préfet de Saône-et-Loire, va permettre à notre Archiviste de compléter ses recherches sur la période primitive de cette histoire, qui s'étend du IXe au XIIe siècle. Le Cartulaire de la Chapelle-Aude, qu'a publié cette année la Société d'Émulation, est une preuve de plus de la persévérance des recherches de M. Chazaud, et de l'intérêt qu'elles offrent pour l'histoire de notre pays.

Rapport de la Commission. Une copie des titres de l'ancienne abbaye d'Ebreuil a été déposée aux Archives du département : l'original est conservé à l'hôpital d'Ebreuil.

Le Conseil général exprime ses remercîments à M. Clairefond, qui a fait don de pièces, la plupart sur parchemin, relatives à des

---

(1) Toutes les fois que nous ne reproduisons pas le texte de la délibération du Conseil général, c'est que cette assemblée a adopté les propositions du Préfet.

familles et à des localités de l'arrondissement de La Palisse et de Gannat.

Elle remercie également M. de Veauce de l'obligeance avec laquelle il a mis diverses pièces intéressantes à la disposition de M. Chazaud, pendant qu'il visitait, cette année, les cantons d'Ebreuil et de Chantelle.

Le Conseil s'associe complétement aux éloges donnés à M. l'Archiviste.

ALPES (BASSES-). — *Rapport du Préfet.* Le classement des Archives du département est terminé pour les documents antérieurs à 1790, et celui des papiers modernes est très-avancé ; il ne sera pas achevé cependant en 1860, comme M. l'Archiviste l'espérait. Cet employé a dressé, dans le courant de l'année, les inventaires des séries U et V ; il s'occupe en ce moment de la série X ; mais ce ne sera qu'en 1861 qu'il procédera au dépouillement des papiers et à la rédaction des inventaires des deux dernières séries Y et Z. Ce travail sera long et minutieux, quelque activité que déploie l'employé qui en est chargé. Il faut néanmoins se résigner à des lenteurs inévitables pour opérer un triage convenable et examiner pièce par pièce.

Rapport de la Commission. La Commission du Conseil général s'est transportée dans le local des Archives Départementales. Elle a reconnu avec satisfaction que le classement sera entièrement terminé en 1861. Ce classement aurait même été achevé cette année, sans le grand nombre de dossiers compris sous la lettre X de l'inventaire. M. l'archiviste Isenard continue à se montrer dévoué et zélé dans ses fonctions. — Le Conseil approuve les conclusions du rapport, et reconnaît avec plaisir que l'état des Archives est satisfaisant.

ALPES (HAUTES-). (Voyez les précédentes délibérations du Conseil, *Manuel*, p. 348.) — *Rapport du Préfet.* La situation du travail des Archives paraît satisfaisante. Le service intérieur est tenu à jour, et les dossiers versés au dépôt sont régulièrement classés et inventoriés.

Parmi les travaux extraordinaires qui avaient été demandés à l'Archiviste par la Circulaire du 20 janvier 1854, l'inventaire de la dernière série des Archives antérieures à 1790 a été, depuis la dernière session, entièrement terminé et a reçu l'approbation du Ministre. — L'achèvement de cet important travail a permis à l'Archiviste de réunir d'autres documents utiles, dont il se propose de donner communication à la Commission des archives.

Rapport de la Commission. La commission a vu avec satisfaction que le classement se poursuivait avec activité. — M. Charronnet a classé soigneusement 700 chartes environ, antérieures à 1790. Il existe une analyse assez étendue pour chacune d'elles; parfois même elle renferme des passages copiés textuellement, quand les termes des documents le demandent. La réunion de ces notions forme déjà aujourd'hui un cahier de 80 pages in-fol. La Commission se fait un devoir d'appeler l'attention du conseil sur l'importance de ce travail.

La série O, la plus considérable et la plus consultée, est aujourd'hui classée avec un soin tout particulier. Chaque pièce est signalée et analysée sur l'inventaire. C'est un travail important. Il est fait d'une manière si complète, que votre Commission a pensé qu'elle pourrait dorénavant servir de modèle.

Alpes-Maritimes. — *Rapport du Préfet.* Le classement et la vérification réguliers des papiers laissés par l'ancienne intendance de Sardaigne, et de ceux qui ont appartenu au consulat de France à Nice, exigeront un travail considérable, pour lequel il y aura lieu d'adjoindre momentanément un employé à l'Archiviste du département.

Une somme de 1,000 fr. est demandée pour achat de cartons et établissement de tablettes.

Ardèche. — *Rapport du Préfet.* Les travaux de classification des documents déposés aux Archives Départementales, en bonne voie depuis plusieurs années, sont aujourd'hui dans une situation très-satisfaisante. Dans l'intervalle de la dernière session du Conseil général à celle de 1860, l'inventaire des Archives ecclésiastiques a été entrepris et terminé. Ce travail, soumis à M. le Ministre de l'Intérieur, a été adopté par une récente décision. Ainsi, le classement de toutes les collections antérieures à 1790 est actuellement un fait accompli.

Les Archives modernes, classées jusqu'à ce jour contrairement aux instructions ministérielles, vont être groupées dans les différentes séries qui leur sont respectivement assignées. Cette classification nouvelle sera désormais l'objet des principales occupations de l'Archiviste.

Lorsque ce dernier travail sera terminé, la facilité des recherches sera complétement assurée, soit pour les anciennes collections, soit pour les papiers modernes.

Délibération du Conseil. Sur le rapport de la Commission chargée de visiter les Archives Départementales, le Conseil voit avec plaisir que ces Archives sont toujours parfaitement tenues et que l'Archiviste continue à apporter tous ses soins à leur conservation. Il prie M. le Préfet de lui renouveler l'expression de sa satisfaction.

Ardennes. — *Rapport du Préfet.* Les Archives se trouvent dans de très-mauvaises conditions de sécurité; à raison de la situation de ce dépôt, il est un danger permanent pour la préfecture; j'invite, en conséquence, le Conseil à donner son avis sur l'objet de la dépêche de M. le Ministre de l'Intérieur et les moyens de prévenir les dangers qu'elle signale.

Délibération du Conseil. Le Conseil général, considérant que, si le dépôt actuel des Archives n'offre pas toutes les conditions désirables de sécurité, il n'existe dans les bâtiments de la préfecture aucun emplacement qui puisse y être affecté, et que, dès lors, il serait nécessaire de faire construire, pour ce service, un bâtiment spécial et isolé;

Considérant que cette construction entraînerait une dépense considérable, que les ressources du département, engagées pour plusieurs années, ne lui permettent pas de faire:

Est d'avis qu'il n'y a pas lieu, quant à présent, de s'occuper d'une construction spéciale pour le dépôt des Archives, et de s'en remettre à la prudence de M. le Préfet pour les mesures qu'il croira nécessaires à lour conservation.

ARIÉGE. — *Rapport du Préfet.* Les Archives Départementales, qui ont eu tant à souffrir de l'incendie de 1803, dans leur partie ancienne, acquièrent chaque jour, pour les faits postérieurs, une plus grande importance. Elles sont tenues avec ordre.

J'espère que la Commission spéciale, déléguée par le Conseil général pour visiter ce dépôt, conformément aux instructions ministérielles, n'aura qu'à s'associer à ces éloges.

A mesure, du reste, que s'enrichit la collection des documents administratifs et historiques d'intérêt départemental, il devient de plus en plus nécessaire de dégager le local consacré à la conservation des papiers inutiles qui s'y trouvent. Mais la vente des anciennes pièces distraites des Archives est entourée d'un assez grand nombre de formalités, dont l'accomplissement, d'ailleurs d'une utilité évidente, ralentit l'exécution.

Quoi qu'il en soit, on sera prochainement en mesure de mettre aux enchères un assez grand nombre de liasses contenant plus de 500,000 pièces modernes vérifiées, et dont la circulaire du 24 juin 1844 autorise la vente.

On conçoit qu'un tel examen, qui a dû être fait d'abord par l'Archiviste et par son aide, ait pu retarder la production de certains autres travaux.

Les inventaires des séries A (actes du pouvoir souverain et domaine public) et C (administrations provinciales) ont été modifiés, complétés et définitivement approuvés par décision ministérielle du 26 juin dernier; celui de la série E (féodalité, communes, etc.), dont les documents sont réunis, est en cours d'exécution et pourra se terminer dans un très-bref délai.

Rapport de la Commission. La Commission du Conseil général, qui a visité les Archives, témoigne sa satisfaction sur la manière dont elles sont tenues. Elle a lu avec intérêt le rapport annuel de M. l'Archiviste, et si le choix à faire des papiers inutiles qui s'y trouvent, a retardé la production de travaux plus importants, il y a lieu d'espérer que, ce travail d'épuration terminé, cet employé pourra compléter les inventaires sommaires de la partie antérieure à 1790; son zèle et son activité en donnent l'assurance.

AUBE. — (Voyez les précédentes délibérations du Conseil, *Manuel*, p. 338). — ***Rapport du Préfet.*** L'inventaire sommaire des pièces antérieures à 1790 se poursuit concurremment avec les autres travaux des Archives. Le nombre de ces pièces classées et inventoriées peut être évalué à 32,000.

Le classement des pièces versées par les bureaux de la préfecture et la recette générale a donné 432 liasses, aujourd'hui répertoriées.

On peut considérer l'estampillage des anciennes pièces comme terminé; celles d'une date postérieure à 1790 restent seules à timbrer.

. . . .

AUDE. — ***Rapport du Préfet.*** Vous savez, Messieurs, l'intérêt qu'accorde aujourd'hui l'érudition aux dépôts publics d'Archives et l'importance qu'ont prise ces établissements. Aussi, sans avoir jamais cessé de fixer l'attention du pouvoir, les Archives sont-elles devenues, depuis ces dernières années, l'objet de préoccupations particulières qu'attestent, de sa part, diverses mesures prises en vue d'une meilleure et plus active organisation de ces dépôts.

Le gouvernement a voulu ainsi les placer à la hauteur et des intérêts scientifiques qui viennent y puiser leurs matériaux et leurs preuves, et des intérêts matériels administratifs ou privés, qui, pour être liés à des besoins d'un rang plus modeste, n'en recherchent pas avec moins d'empressement leur garanties, avec moins d'opiniâtreté la conservation de leurs droits.

Les Archives ne sont pas restées, dans le département, étrangères aux améliorations que le Gouvernement s'est proposé. Mon prédécesseur vous a plusieurs fois donné, sur ce point, des explications que vous avez goûtées. Il vous a fait connaître les efforts de l'employé qui est chargé du triple service qu'elles embrassent. Je compléterai ces explications en vous disant que les travaux accomplis l'année dernière ont eu l'approbation de M. le Ministre de l'Intérieur. Je n'ajouterai rien à ce haut témoignage de satisfaction. Il a été donné à la suite du compte rendu annuel fait à M. le Ministre, en exécution de la circulaire du 8 août 1839, et sur les communications et renseignements qui ont été fournis par M. l'Inspecteur général des Archives. C'est à mes yeux le plus honorable encouragement qu'un employé puisse ambitionner.

.....Rien n'a été négligé pour répondre aux soins et à la vigilance que réclament les Archives Départementales. Depuis votre dernière session, des réintégrations considérables, à plus d'un titre, ont eu lieu et sont venues, ou compléter nos fonds historiques, ou en créer de nouveaux. Tels sont les papiers du prieuré de Sallèles-d'Aude, autrefois de Terson; de précieux registres et papiers étrangers aux Archives de la mairie de Castelnaudary, et qui, par leur provenance, appartenaient de droit aux Archives Départementales. Ils proviennent de l'administration syndicale des diocèses de Saint-Papoul, de Mirepoix, du chapitre collégial de Saint-Michel de Castelnaudary, du corps des marchands de la même ville, de l'abbaye de Prouille et du prieuré de Mas-Saintes-Puelles.

Nos Archives Départementales doivent aussi à l'obligeance éclairée de M. Bastoul, desservant de Carlipa, la possession d'un titre original qui ne manque pas d'intérêt. Ce titre sur parchemin, parfaitement conservé, est de 1195. Il contient l'une des premières donations faites aux Bernardins, qui, de Compania, étaient venus s'établir à Villelongue. Les actes connus de cette abbaye ne remontaient qu'à 1302, et c'est de cette année que l'on datait son établissement. Sur ce point historique, le titre remis par M. l'abbé Bastoul contient une rectification importante.

L'année à laquelle ce rapport correspond, a été employée à la rédaction et à la mise au net de l'inventaire sommaire des fonds classés de la série B, la plus importante de nos Archives. Ce travail, préparé avec le soin le plus attentif, est en ce moment fort avancé. Treize cahiers, embrassant 665 articles d'analyse, qui comprennent 87 registres et 578 liasses, renfermant 41,398 pièces papier, 111 pièces parchemin et 49 sceaux, ont été expédiés et soumis à l'examen de M. le Ministre de l'Intérieur, qui, pour leur bonne rédaction, les a approuvés avec éloges. Je n'ai pas à vous faire une autre appréciation de ce travail considérable; mais j'ajoute que la sanction dont il a été l'objet témoigne des qualités de l'employé dont il est l'œuvre, et doit lui mériter la continuation de vos sympathies.

AVEYRON. — (*Voyez* les précédentes délibérations du Conseil, *Ma-*

nuel, p. 343.)—*Rapport du Préfet.* Je place sous les yeux du Conseil général le rapport annuel du conservateur des Archives. Ce travail permettra d'apprécier le zèle et l'intelligence que ce fonctionnaire apporte dans le classement et l'inventaire du dépôt confié à ses soins.

Délibération du Conseil. Le Conseil, frappé de la situation déplorable des Archives de la sous-préfecture de Villefranche, qui sont promenées d'un local à un autre, et qui, en ce moment, sont entassées pêle-mêle dans un des greniers de la mairie, demande qu'un local fixe soit assigné pour ce service, et que l'Archiviste du département soit envoyé pour les classer.

Bouches-du-Rhône. — *Rapport du Préfet.* Le classement régulier des Archives du département a été continué avec activité, depuis la dernière session, et, à quelques exceptions près, on peut dire que ce précieux dépôt est aujourd'hui distribué sans confusion et de la manière la plus heureuse, dans le local dont nous pouvons disposer. La Cour des comptes a été entièrement inventoriée, les papiers de la province classés et catalogués en minutes; il en a été de même, en partie, de ceux de l'intendance. Les chartes de la Tour-du-Trésor ont été placées dans des cartons étiquetés avec analyses des pièces; rien n'a été négligé, enfin, pour assurer la conservation des documents historiques que nous possédons et faciliter les recherches que l'on peut avoir à y faire.

Le classement des Archives ecclésiatiques laisse encore à désirer. L'importance des fonds et l'exiguïté du local n'ont pas permis, jusqu'à présent, de pousser le travail dont ils peuvent être l'objet. Les parchemins de Saint-Sauveur sont seuls placés convenablement dans des cartons.

Des dépenses assez considérables seraient nécessaires pour que les parchemins des autres fonds fussent distribués de la même manière. D'après le relevé qui a été fait par l'Archiviste, il faudrait 3,200 cartons pour recevoir les parchemins ou liasses aujourd'hui entassés, soit dans de grandes caisses, soit dans des armoires.

L'Archiviste a été invité à faire le triage des papiers inutiles, afin de débarrasser d'autant les salles où reposent les Archives modernes; mais il ne paraît pas que cette opération doive produire un grand vide, et c'est à peine si le résultat pourrait permettre de mieux placer une mince portion des liasses qui sont actuellement sur le sol.

Il est incontestable que le bâtiment des Archives est insuffisant pour contenir, rangés d'une manière convenable, tous les registres, parchemins, dossiers, qui y sont renfermés. Mais il y a là une question que nous sommes dans la nécessité d'ajourner. Il ne peut s'agir, en ce moment, ni de les transférer dans un bâtiment mieux choisi, ni d'établir des annexes à celui auquel nous sommes réduits.

Il n'y a que des éloges à donner à l'Archiviste, pour le zèle qu'il apporte à l'accomplissement de sa tâche et pour les résultats auxquels il est parvenu, dans les conditions où se trouve le local affecté à ce service.

CALVADOS. — *Rapport du Préfet.* Un travail opiniâtre a fait faire de grands progrès à la classification des Archives. Désormais on peut en constater l'importance et recueillir le fruit de cet arrangement méthodique; car, soit qu'il s'agisse d'y faire des recherches historiques, ou de consulter ces anciens documents dans l'intérêt des familles, ou d'y chercher le complément de titres, ou la preuve de l'existence de droits incertains et mal établis, il est rare qu'on ne trouve pas, dans notre riche dépôt, des preuves ou des éléments qui expliquent les situations mal définies. Vous pourrez vous convaincre, par l'examen de ces vastes collections, que nous possédons désormais une richesse archéologique peu commune.

Rapport de l'Archiviste (extrait), *Archives antérieures à* 1790. Les 18,000 registres et paquets de dossiers transportés du greffe de la Cour impériale, ont nécessité un remaniement complet des séries déjà classées, notamment des séries B, C, E.

La série B comprend tout ce qui se rattache aux cours et juridictions, et le plus grand nombre des documents apportés du greffe de la Cour provenaient primitivement du bailliage et siége présidial, ainsi que de celle de la vicomté de Caen. En Normandie, on donnait ce nom à l'étendue de la juridiction des *vicomtes*, qui n'étaient autres que des officiers de robe rendant la justice au nom du roi.

Nous avons classé par catégories tous les cartons et registres de cette série B, qui est plus que triplée par l'apport des dossiers du greffe de la Cour, et qui sera encore augmentée par le reste des liasses à transporter.

Parmi les recueils précieux, nous signalerons les 60 registres et cartons intitulés : *Crimes, Minutes des Assises, Rôles des prisonniers, Jugements prévôtaux et Procès-verbaux des tortures*, ainsi que 40 registres relatifs aux enquêtes et sentences de police.

Le classement de la partie supplémentaire de la série B, nous a détourné de la série C, but constant de nos efforts, et duquel nous avons été forcément distraits par l'obligation de trier de nouveaux titres de famille. Il a fallu répondre, en effet, aux trop nombreuses demandes des personnes intéressées à établir leur filiation directe avec les grands noms de notre vieille noblesse normande, et aviser à la nécessité de préserver une foule compacte de dossiers, appartenant à la catégorie des *arts et métiers*, qui eussent été perdus par l'humidité et la poussière, si nous ne nous fussions pas empressés de les joindre aux cartons précédemment classés de la série E.

Les diverses catégories de cette série E se trouveront ainsi classées par la seule force des choses, c'est-à-dire par le seul effet des demandes de recherches adressées par les possesseurs de titres nobiliaires, ou par les propriétaires demandant aux minutes du tabellionage la consécration de leurs titres de propriété.

Série C. — Cette série, comprenant diverses subdivisions administratives et financières de la généralité et de l'intendance de Caen, nous a plus particulièrement occupé cette année, sans pourtant qu'il nous ait été possible d'en achever le classement définitif..... Les ressources que présenteraient pour une histoire du *Bureau des finances de Caen* la diversité des 200 cartons où sont classés les dossiers relatifs aux commissions d'offices, aux requêtes adressées aux trésoriers généraux des finances, aux ordonnances et aux correspondances, sont considérables.

Archives postérieures à 1789. — Chaque année, nous entreprenons quelques catégories, afin de parvenir à établir, pour cette partie des Archives Départementales, l'ordre qui facilite les recherches. Nous avons pris à tâche, cette année, de trier les paquets des dossiers des prisons du département et de la maison de Beaulieu, ainsi que ceux des aliénés du Bon-Sauveur, en suivant le double ordre alphabétique et chronologique. Nous avons eu soin de n'apporter aucun retard dans le classement des comptes communaux apurés, ainsi que les comptes des bureaux de bienfaisance, parce que ces dossiers sont journellement consultés par les percepteurs et par les contribuables.

Les acquisitions ont été peu nombreuses cette année. Nous devons pourtant à l'obligeance de M. Gaston Le Hardy une trentaine de chartes relatives au Sépulcre et quelques procès-verbaux des assemblées préparatoires aux États Généraux. Nous vous prions, M. le Préfet, de le faire remercier par le Conseil général, afin d'encourager de semblables donations.

CANTAL. — *Rapport du Préfet.* Comme l'année précédente, l'Archiviste me signale l'insuffisance du local affecté aux Archives. L'agrandissement de ce dépôt a été prévu au projet de remaniement de l'hôtel de la préfecture, adopté par le Conseil général dans sa cession de 1858, et le temps seul a manqué pour l'exécution de cette mesure, car il n'eût pas été possible d'attaquer les travaux simultanément sur plusieurs points de l'hôtel.

CHARENTE. — *Rapport du Préfet.* Comme les années précédentes, j'ai inscrit au budget une somme de 200 fr. pour achat de cartons, établissement de tablettes et frais de chauffage.

Je vous prie, Messieurs, de vouloir bien, conformément à la circulaire ministérielle du 8 août 1839, désigner une Commission qui devra visiter les Archives et indiquer les améliorations dont elle croira ce service susceptible.

Rapport de la Commission. Les documents relatifs aux Archives Départementales sont, chaque année, l'objet de l'attention du Conseil général, qui, jusqu'à ce jour, a recueilli, avec satisfaction, les détails attestant la bonne tenue et les progrès de cet établissement, dont l'importance est reconnue, sous le point de vue des études historiques et sous celui des recherches administratives.

Les communications faites à la Commission ont trait principalement à deux faits qui se sont produits depuis la session de 1859. L'un est le transport des minutes des anciens notaires de la province d'Angoumois dans l'hôtel des Archives, formant une dépendance de la préfecture,.....

.....La Commission, introduite dans les salles qui, au nombre de douze, contiennent dans deux étages, et puis dans les greniers qui forment un dépôt provisoire, a porté d'abord son attention sur les collections de documents dont les dates sont antérieures à l'année 1790. C'est là une série historique soumise à un classement méthodique, à des inventaires prescrits par les instructions du Ministre de l'Intérieur.

D'après le récolement fait par le nouvel Archiviste et les renseignements verbalement donnés par lui à la Commission, cette collection départementale, considérée à juste titre comme une portion des Archives nationales, devenue l'objet d'une haute sollicitude, ne peut répondre à sa destination et faciliter de sérieuses études qu'à l'aide d'un travail qui n'est encore qu'à l'état d'essai.

La Commission estime que les changements dans le local proposés par l'Archiviste, doivent devenir l'objet d'une dépense à laquelle il convient dès ce moment de subvenir, dans la prévoyance d'une décision prochaine de M. le Ministre provoquant, ou autorisant la réunion, au dépôt central, des Archives judiciaires et autres retrouvées dans les localités qui étaient le siége de juridictions provinciales antérieures à 1790.

Parmi ces dépôts, figure au premier rang, en raison de son importance, celui qui contient les Archives du présidial de la sénéchaussée et de la prévôté d'Angoulême ; il a été l'objet de communications faites au Conseil dans ses précédentes sessions.

Ces précieux documents sont encore relégués dans un grenier et sous les tuiles du Palais de justice. Une visite récente de M. l'Archiviste lui a donné occasion de reconnaître qu'ils se trouvent en danger et que plusieurs *liasses sont trempées par la pluie* qui pénètre le long des travées. Le transport du dépôt dans l'Hôtel des Archives est déjà considéré comme une mesure urgente, à moins que l'on ne prenne, à l'aide d'une dépense spéciale et considérable, les moyens de maintenir cette portion des pièces historiques dans les dépendances du Palais de justice.

Selon toute probabilité, la salle n° 5 du premier étage sera insuffisante pour contenir les autres dépôts judiciaires à recueillir, notamment dans les greffes de Cognac, de Barbezieux, de Ruffec, de Confolens, et dans les mairies de ces villes et de La Rochefoucauld.

CHARENTE-INFÉRIEURE. — *Rapport de la Commission du Conseil général.* L'attention de la Commission s'est portée sur les Archives importantes du greffe du tribunal civil de Saintes, qui contiennent celles du présidial de cette ville, dont la juridiction s'étendait sur toute l'ancienne Saintonge. Les pièces contenues dans ce dépôt remontent au moins au commencement du XVIe siècle, et constituent l'histoire judiciaire, civile et criminelle de presque tout le département depuis trois siècles. C'est là que se trouvent notamment les dossiers des procès des tribunaux révolutionnaires de la Charente-Inférieure.

Les attributions administratives et politiques du présidial, permettront en outre de relever, dans les actes qui en proviendront, des renseignements utiles pour l'histoire du pays.

Il n'est pas une famille du département dont le nom ne soit mêlé aux documents qu'il s'agit de sauver de la destruction et de classer.

Suivant la recommandation du Conseil général, M. le Préfet avait chargé l'Archiviste de la préfecture de se rendre à Saintes pour ce travail; mais un premier examen a démontré que cette opération exigerait plusieurs mois de travail, et il a paru impossible de détourner aussi longtemps cet employé de ses occupations ordinaires.

Un classement de ce genre exige des connaissances paléographiques et des notions sur l'histoire de la province. M. le Préfet a songé à le confier à un homme déjà connu par son aptitude et son érudition, M. de La Morinerie, employé à l'Hôtel de ville de Paris, déjà connu par plusieurs travaux sur le département.

Il est alloué pour ce classement 800 fr.

CHER. — *Rapport de la Commission du Conseil général.* Votre Commission a procédé à l'inspection des Archives Départementales. Après avoir conféré avec l'Archiviste sur tout ce qui concerne un établissement si digne de sollicitude, elle a constaté que l'immense désordre résultant de l'incendie du 13 avril 1859 se trouvait en partie réparé. Toutes les pièces ou liasses qui avaient été recueillies à la hâte et déposées sous les combles et dans les greniers, sont aujourd'hui rétablies dans les séries auxquelles elles appartiennent.

Par suite des allocations du Conseil général, de nouveaux rayons vont être créés, une nouvelle travée occupera le comptoir du milieu de la grande salle; 1,000 enveloppes (1) seront destinées à protéger les actes de vente des biens nationaux. Un grand nombre de ces documents si importants ont été la proie des flammes; certains n'ont été endommagés qu'en partie; des copies non signées de ces mêmes actes ont été retrouvées dans les salles; elles seront encore des ressources précieuses dans plus d'une circonstance : rien n'a été négligé pour en assurer la conservation.

En résumé, si les pertes sont nombreuses et le mal considérable, les effets en ont été sensiblement atténués, grâce au zèle et au dévouement si dignes d'éloges des Archivistes. Pour eux, le passé comme le présent répondent de l'avenir; ils continueront leur œuvre de patience et d'infatigables recherches, et l'établissement de nos Archives moins beau, moins complet sans doute, mais beau et riche encore, pourra renaître de ses débris.

CORRÈZE. — *Rapport du Préfet.* Le classement des Archives antérieures à 1790 est terminé depuis longtemps. Celui des Archives postérieures se poursuit avec activité. L'Archiviste s'est occupé surtout du triage des papiers inutiles, dont l'inventaire a été dressé et transmis au Ministre de l'Intérieur, qui réclame, avant d'autoriser la vente, une délibération spéciale du Conseil général sur son opportunité. Il serait nécessaire aussi de prendre une délibération du même genre sur la vente des papiers inutiles dans les sous-préfectures de Brive et d'Ussel, car il y a encombrement.

L'Archiviste signale encore l'insuffisance du local actuellement occupé par les Archives; mais il y sera pourvu, si on met à exécution le projet pour l'agrandissement des bureaux. Le rapport de l'Archiviste rend compte de ses autres travaux, tels que la confection des tables décennales de tous les arrêtés du Préfet, de l'an VIII

(1) Voyez la planche I et la note, p. 29.

à 1850, du catalogue de la bibliothèque administrative, des inventaires des Archives hospitalières, etc.

Corse. — (Voyez les précédentes délibérations du Conseil, *Manuel*, p. 343 et 344.)— ***Délibération du Conseil.*** Le Conseil général, sur le rapport qui lui a été fait par la Commission chargée de visiter les Archives Départementales, reconnaît qu'elles sont en bon état et que leur tenue ne laisse rien à désirer.

Cote-d'Or. — *Rapport du Préfet.* Le rapport annuel de l'Archiviste constate l'excellente tenue du précieux dépôt que vous lui avez confié, et dont il sait tirer d'utiles documents pour l'histoire de la Bourgogne.

Votre Commission des finances, familière avec les chiffres, vous dira seulement qu'il est sorti cette année des mains de l'Archiviste 1620 articles nouveaux, qui ont été classés, analysés et inventoriés. Ils se composent de 1141 registres paginés, numérotés avant d'être analysés, et de 479 rouleaux de parchemin remontant à cinq cents ans, d'une longueur moyenne de 25 à 30 mètres, formant un développement de 9635 mètres, qu'il a fallu renuméroter, diviser de mètre en mètre, ce qui permet d'y retrouver, avec autant de facilité que dans un livre paginé, le passage intéressant signalé par les recherches de M. l'Archiviste. Son zèle et son activité lui ont valu de nombreux témoignages de satisfaction, et nous demandons une augmentation de traitement, à raison de l'importance du dépôt des Archives de notre département, qui se trouve classé un des premiers de l'empire et un des derniers dans le traitement de l'Archiviste.

Cotes-du-Nord. — (Voyez les précédentes délibérations du Conseil, p. 337 du *Manuel.*) —*Rapport du Préfet.* Vous remarquerez, Messieurs, le changement qui s'est fait cette année dans le personnel des Archives. Un grand travail a été commencé au mois d'avril dernier, par ordre de Son Excellence et sur la proposition de M. Pougin ; je veux parler du remaniement des Archives postérieures à 1790, qui n'étaient pas classées de manière à suffire aux besoins du service. Sans assigner de terme précis à la fin de cet important travail, dont l'expérience a démontré la longueur et les difficultés, j'espère qu'il s'écoulera peu d'années avant que le classement ne soit entièrement terminé. Ce remaniement a laissé peu de place aux autres occupations, et comme d'ailleurs il fournit un nombre assez considérable de papiers de rebut qui viennent s'ajouter à ceux qui ont été antérieurement mis à l'écart, j'ai pensé qu'il était préférable d'attendre quelque temps, afin d'opérer la livraison totale, et je n'ai pu donner suite au projet de vente que vous aviez approuvé en 1859; mais il est incontestable que cette vente aura lieu l'année prochaine et sur une assez grande échelle.

C'est encore le même surcroît de travail qui m'a fait adjoindre au personnel, à titre temporaire, avec l'approbation de Son Excellence, un expéditionnaire aux appointements de 30 fr. par mois, à partir du 1er mars dernier.

La somme de 300 fr. sera peut-être suffisante pour l'entretien du mobilier considérable des Archives et l'établissement absolument nécessaire de tablettes destinées à recevoir des papiers qui couvrent le plancher de plusieurs salles. L'augmentation des dépenses m'engage cependant à ne pas vous demander de supplément sur ce point.

Rapport de la Commission. Depuis plusieurs années, le Conseil général s'est plu à seconder le mouvement par lequel le Gouvernement a donné une impulsion sérieuse au service des Archives Départementales, Communales et Hospitalières. Il a reconnu à plusieurs reprises les améliorations qui ont été introduites dans cette branche de l'administration et suivi avec intérêt les travaux de ses Archivistes, dont les inventaires, dressés avec un soin tout particulier, se sont allés ajouter à ceux qui affluent de toutes parts au Ministère de l'Intérieur, afin de concourir, dans la plus grande mesure possible, à doter la France d'un monument historique, qui sera sans analogue dans aucun autre pays, lorsque les travaux en voie d'exécution dans tous les autres départements auront été terminés.

M. le Préfet nous a donné, dans son rapport, d'intéressants détails sur les travaux effectués dans les Archives Départementales pendant l'année qui vient de s'écouler, et votre Commission, Messieurs, se borne à constater leur résultat. Sans nuire au service courant du bureau, il a été opéré un classement régulier de 46,202 pièces qu'on peut sur-le-champ trouver et consulter, et dans ce nombre ne sont pas compris environ 25,000 pièces de la série N (Administration et comptabilité départementale) déclarées de rebut; mais, après un sérieux examen, 8,000 pièces au moins devant faire retour aux Archives de la mairie de Lamballe ont été renvoyées à cette commune, et enfin 125 articles de la série C (Administration provinciale) ont été soumis à un classement provisoire.

Creuse. — *Rapport du Préfet.* Le classement, nécessairement subordonné à l'état du local, n'a pas été poussé cette année aussi avant qu'on pouvait l'espérer, par suite de l'insuffisance des fonds alloués pour l'achèvement du sytème de rayonnage établi déjà dans l'annexe du premier étage et le long des murs de la grande salle des Archives. Mais, si la distribution matérielle des documents s'est trouvée ainsi forcément arrêtée, le travail du classement n'a pas été pour cela interrompu. L'Archiviste a composé les dossiers, et il ne manque plus que ces cartons (1) et ces rayons pour donner à la presque totalité des liasses du dépôt l'aspect d'ordre qui frappe aujourd'hui dans la nouvelle salle des Archives.

Du reste, le tableau détaillé qui est dans le rapport de l'Archiviste donne des renseignements exacts sur le degré d'avancement auquel est parvenu le classement des diverses parties du dépôt, et prouve que le plus essentiel et le plus difficile de l'œuvre est dès à présent accompli.

Par suite de l'éloignement des administrations qui régissaient la province de la Marche ; par suite des annexions de plusieurs communautés religieuses à d'autres bénéfices plus importants situés hors de cette province ; par suite enfin d'irrégularités commises à l'époque de la révolution de 1789, le département de la Creuse s'est vu privé de la plus grande partie des titres qui l'intéressaient le plus spécialement, et dont quelques-uns même devaient, d'après la loi du 5 brumaire an v, lui revenir en toute propriété. Ces documents, relatifs aux abbayes de Bonlieu, Bénévent, Prébenoît,

---

(1) Voyez la planche I et la note, p. 29.

aux prévôtés de Saint-Vaury et du Grand-Bourg, aux commanderies de Bourganeuf et de Chamberaux, de Feniers, aux manufactures d'Aubusson et de Felletin, enfin à tous les établissements qui ont fait dans le passé l'éclat du pays, se trouvent aujourd'hui disséminés dans les divers dépôts de Paris et des départements, aux Archives de l'État, à la Bibliothèque impériale, dans les Archives de l'Indre, du Puy-de-Dôme, de la Haute-Vienne, du Rhône, de Maine-et-Loire, où ils demeurent inconnus et négligés, parce qu'ils n'offrent pas un intérêt direct pour l'histoire de ces départements.

Nous avions espéré obtenir la restitution de plusieurs de ces collections ; mais, après de nombreuses démarches auprès des administrations départementales, le Ministre de l'Intérieur n'a cru devoir ordonner que la réintégration d'un seul fonds, celui du prieuré des Ternes. Pour combler, autant que possible, cette lacune de notre dépôt, Son Excellence m'autorisait et m'invitait même à faire dresser l'inventaire des différents titres qui, outre leur valeur historique, pourraient fournir aux communes ou aux particuliers, des renseignements utiles dans bien des questions de propriété, et servir au besoin à fixer les droits du département. A ce dernier point de vue surtout, il est désirable que ce travail soit fait le plus tôt possible, et j'ai pensé que la somme de 500 francs serait utilement affectée à la copie et à l'exécution de ces inventaires.

Dordogne. — *Rapport du Préfet.* Sur environ 1600 registres ou portefeuilles dont je pensais que pouvait se composer la série L (documents spécialement relatifs aux administrations du département, des districts et des cantons), 1317 avaient été, l'année dernière, inventoriés, étiquetés et numérotés. Aujourd'hui ce travail est terminé et comprend 1517 articles. Les vieux papiers trouvés dans le grand coffre, autrefois placé dans l'antichambre qui précède l'entrée des Archives, et qui étaient restés jusqu'à ce jour sans classement, ont été disposés par ordre chronologique. Les pièces qui concernent la navigation, les ports, les bacs sont classés dans quinze portefeuilles, on va commencer les papiers de l'an VIII à 1814.

Les documents antérieurs à 1789 provenant de la mairie de Saint-Cyprien et apportés aux Archives Départementales à la fin de 1857, ont également été disposés chronologiquement au nombre de 19 cartons ; les anciennes Archives de Domme, envoyées l'an dernier par le maire de cette vieille Bastille royale, ont été pareillement classées et occupent 8 cartons ; l'inventaire en est même commencé.

Enfin, M. l'Archiviste a aussi commencé le classement des anciennes Archives de la maison Barraud, se rattachant à l'ancienne famille de Montaud de Mucidan, trouvées au château du Fournil, commune de Beaupouyet, et données par M. Piston, lieutenant de louveterie.

DOUBS. — *Rapport du Préfet.* Le travail de classement et d'inventaire des Archives Départementales a été continué avec activité.

La série B a été complétement terminée ; elle comprend toutes les Archives de l'ancienne Cour des comptes de Dôle, une partie de celles du Parlement de Franche-Comté et de la Cour ou Hôtel des monnaies, dont le siége a été alternativement fixé à Dôle et à Besançon. Les documents compris dans cette série ne forment pas moins de 1023 articles.

Le classement de la série C va être entrepris. Elle comprend notamment les Archives de l'intendance de Franche-Comté, celles des États de la province depuis 1432, et les papiers provenant de l'ancienne principauté de Montbéliard,

J'aurais voulu pouvoir vous proposer de donner suite au désir exprimé par M. l'Archiviste pour l'augmentation de son traitement. Mais la situation financière du départament ne s'est pas améliorée, et, par conséquent, les raisons qui vous ont engagés l'année dernière à ajourner cette augmentation, subsistent encore aujourd'hui.

DRÔME. — *Rapport du Préfet.* Le classement des Archives antérieures à 1790 se poursuit activement. Les pièces comprises dans l'inventaire s'élèvent à 10,266, et celui des registres ou cahiers à 801, composés de 40,276 feuillets.

Vous apprendrez certainement avec satisfaction que le dépouillement des Archives de l'ancien bailliage du Buix a permis de découvrir un certain nombre de registres de l'état civil des communes qui en dépendaient. C'est là une découverte précieuse pour les familles, dont un certain nombre appartiennent à la Drôme, à Vaucluse, aux

Hautes-Alpes; M. l'Archiviste propose, avec raison, le renvoi de ces documents aux siéges judiciaires dont les familles dépendent.

Les copies des documents intéressant nos Archives, pour lesquelles M. l'Archiviste propose de continuer cette œuvre commencée, seraient les copies des Inventaires de la Chambre des comptes de Grenoble, en ce qui concerne le Royannais et le Viennois. Je ne puis que vous prier d'accueillir cette proposition.

Archives postérieures à 1790. — Cette partie des Archives est dans une situation très-satisfaisante. Outre le dépouillement d'un très-grand nombre de dossiers, il m'a été possible, dit M. l'Archiviste, de dresser encore pour ce classement plus de 1,800 bulletins. Ce classement, qui n'est pas sommaire, mais qui au contraire a été fait avec le plus de détails possible, permet de trouver, avec une grande facilité et sans perdre de temps, tous les renseignements dont on a besoin.

Le nombre des bulletins, qui jusqu'à ce jour ont été rédigés pour le classement de ces Archives, s'élève à 23,362; c'est là un chiffre imposant.

Un inventaire a été dressé pour la vente des papiers de rebuts et envoyé à M. le Ministre de l'Intérieur, qui, par décision du 31 août, a autorisé la mise en vente des papiers qui, sans inconvénient, peuvent être supprimés.

Archives des sous-préfectures. — M. l'Archiviste rappelle ce qu'il a déjà exposé précédemment au sujet des locaux affectés aux Archives. J'ai l'espoir qu'il sera bientôt possible de réaliser le vœu qu'il exprime.

Délibération du Conseil. — Considérant que M. Ginon, Archiviste du département, s'est livré depuis 20 ans au travail le plus minutieux et le plus intelligent pour remplir la tâche difficile qui lui incombait;

Considérant que, grâce à son activité, le nombre de bulletins rédigés jusqu'à ce jour pour la régularisation des Archives antérieures à 1790 s'élève à 375 articles, contenant 11,266 pièces et 801 registres de 40,376 feuillets, et celui des Archives postérieures à cette époque à plus de 23,000;

Considérant que plus de dix-huit cents demandes de recherches lui ayant été adressées, dans le courant de l'année, ont pu être satisfaites avec la plus grande facilité, grâce à l'ordre établi dans le classement;

Le Conseil général exprime à M. Ginon son regret de le voir abandonner ses fonctions; le Conseil, se plaît, en même temps, à consigner ici le témoignage de sa satisfaction pour les importants travaux que M. Ginon a accomplis dans sa longue carrière d'Archiviste.

EURE. — (Voir les précédentes délibérations du Conseil, *Manuel*, p. 337, 338 et 339). — *Rapport du Préfet.* Le rapport de l'Archiviste fait connaître les travaux de l'année. Il y a joint un travail qui a été imprimé, qui témoigne plus que toutes les paroles, des progrès accomplis dans le classement de nos Archives. Ce tableau sommaire et méthodique de toutes les pièces qu'elles renferment indique, pour chaque division et sous-division, le nombre des registres et des liasses. Ce travail substantiel permettra désormais à tout le monde d'apprécier la nature et l'importance des titres renfermés dans ce riche dépôt, qui sera toujours la source la plus féconde de l'histoire du pays, depuis le XIe siècle.

Je propose, pour une année encore, l'allocation de 2,000 francs nécessaire à l'entier payement des cartables employés jusqu'ici, et à l'acquisition de ceux qui doivent recouvrir ces liasses de la dernière galerie. (Voyez la planche I, et la note, p. 29.)

Rapport de la Commission. — « Nous avons fait la visite de nos Archives. Le rapport de l'Archiviste, l'état imprimé qui nous a été donné, ont pu mettre chacun complétement au courant de la situation actuelle et des améliorations en cours d'exécution. »

EURE-ET-LOIR. — *Rapport du Préfet.* L'emménagement des Archives, terminé depuis bientôt quatre ans, et dont chaque année je vous ai indiqué les résultats satisfaisants, ne pourra être parfait que lorsque tous les titres seront complétement classés et inventoriés : c'est ce que prouve l'expérience de chaque jour. Le local, en effet, que, dans le principe, on avait déclaré insuffisant, et qui, après un premier classement superficiel, avait paru répondre amplement aux besoins du service, semble se resserrer lorsqu'il faut mettre à leur place définitive les divers fonds dont l'inventaire est achevé.

Comme vous le savez, la grande salle du rez-de-chaussée devait, dans le projet primitif, être exclusivement réservée aux documents anciens ; lorsqu'on a approprié cette salle aux séances du Conseil général, on a enlevé la majeure partie de l'espace destiné aux Archives, et c'est en effet pour loger les pièces anciennes qu'on est quelquefois embarrassé.

M. Merlet avait terminé, il y a un an, le classement des titres des anciennes fabriques du département et avait été forcé d'entasser ces papiers si nombreux (plus de 40,000 pièces) dans une petite salle du deuxième étage, où les recherches étaient très-difficiles, sinon impossibles. Je l'ai autorisé, cette année, à faire établir deux rangs de casiers supplémentaires dans la salle des comptes des communes au 2e étage ; et il a pu y transporter les comptes des hôpitaux et bureaux de bienfaisance, qui occupaient un casier entier au 1er étage ; et c'est dans ce casier, devenu libre, qu'il a déposé les cartons où sont conservés les papiers des anciennes fabriques.

L'inventaire des abbayes, que l'Archiviste poursuit depuis deux ans, lui fournira encore l'occasion de placer certains dossiers pour trouver l'espace qui lui manque dans les étroites armoires du rez-de-chaussée.

M. Merlet a continué, cette année, le classement de la série H. Les abbayes de Saint-Avit, de Saint-Vincent-aux-Bois et le prieuré de Belhomert (ordre de Fontevrault) sont complétement inventoriés.

Parmi ces fonds, celui de Saint-Avit est surtout fort considérable ; il ne contient pas moins de 20,000 pièces, dont beaucoup remontent aux XIIe et XIIIe siècles. Un grand nombre de prieurés fort riches dépendaient de cette abbaye, mais presque tous appartiennent aujourd'hui aux départements limitrophes de la Sarthe et de Loire-et-Cher : Pont-de-Gesnes, Saint-Mars-du-Car, Thoue, Montdoubleau, Ruan, Saint-Agil, etc. Le département d'Eure-et-Loir a dû néanmoins rester en possession des titres de ces prieurés, qui, pour le bon ordre du classement, ne pouvaient être détachés de la maison-mère.

L'abbaye de Saint-Vincent-aux-Bois et le prieuré de Belhomert sont moins riches que l'abbaye de Saint-Avit. La première ne possède que 2,500 pièces, la deuxième que 3,600 environ ; mais ces pièces ne sont pas moins anciennes, ni moins intéressantes. On pourrait citer, entre autres, des chartes des seigneurs de Châteauneuf, d'Ordelles et de Digny, des XIIe et XIIIe siècles; des renseignements précieux sur les bois de Saint-Vincent, sur les moulins à foulon de Blévy, sur la chapelle de Saint-Léger, de Saint-Bernard, etc.

Outre ce travail d'analyse sur cartes, l'Archiviste a dû, cette année, classer et recopier sur un registre spécial les cartes par lui dressées l'année précédente, et comprenant les fonds des abbayes de Saint-Jean-en-Vallée, Saint-Père-en-Vallée et Coulombs.

Quant à la partie moderne, le travail a toujours été le même; classer les divers dossiers versés par les bureaux, veiller à ce que l'ordre existant ne soit pas troublé, faire en sorte de satisfaire promptement à toutes les demandes, tels sont les divers points sur lesquels a dû porter l'attention de M. l'Archiviste. Comme travail extraordinaire, il a remanié tous les comptes des communes, opération que nécessitait l'encombrement produit par le versement des trois années de comptes, dont le volume devient chaque jour plus considérable.

Le dépôt central du département s'est enrichi, cette année, de divers papiers sur les seigneuries d'Allonnes et de Prunay-le-Gillon, et de titre fort intéressants sur la communauté des potiers d'étain de Chartres, toutes pièces données par M. Rivière, instituteur à Prunay-le-Gillon. M. Merlet fait, d'après un cartulaire de la Bibliothèque impériale, la copie d'environ 80 chartes du XIIe siècle de l'abbaye de Josaphat, dont les originaux n'existent plus et qui viennent ainsi compléter le fonds de cette importante abbaye.

Rapport de la Commission. Les mesures prescrites par l'autorité sont en bonne voie d'exécution, et je puis fournir à cet égard des renseignements précis.

La série A est terminée; elle ne comprend que 3 liasses, en tout 382 pièces (1431 à 1789). Sont également terminées : La série B, 212 liasses, (années 1493 à 1739). La série C, 4 liasses, (1734 à 1790). La série D, 10 liasses, (1355 à 1792). La série E, 948 liasses (XIIIe siècle à 1790); elle comprend 42,195 pièces, 424 registres et 993 plans. La série F, 1,200 pièces, (1222 à 1790).

La série G, est divisée en deux parties principales, le chapitre de

Chartres et les anciennes fabriques du diocèse. Le fonds du chapitre est terminé; il comprend 29,160 pièces, 2,424 registres, 643 plans. Le titre le plus ancien est de 870 ; la plupart sont du XIIe siècle à 1790. La partie relative aux fabriques se poursuit sur bulletins.

La série H est à faire. L'Archiviste fait espérer la conclusion de tout le travail et des tables qui en sont le complément dans trois années.

Le travail analytique se poursuit simultanément avec le travail sommaire; on peut même dire qu'ils se fondent ensemble et que cette méthode, tout en retardant la marche, accélère le travail à d'autres égards.

Pour conclure, votre Commission doit vous rendre témoignage du zèle de l'Archiviste dont l'activité égale la capacité. Elle ne doit pas vous laisser ignorer que ce savant fonctionnaire répond à l'attente de l'administration supérieure et à la vôtre.

Délibération du Conseil. — Le Conseil, à l'unanimité des suffrages, partageant l'opinion émise par sa Commission, se montre satisfait des travaux de l'Archiviste et lui en donne un témoignage par une mention dans son procès-verbal.

FINISTÈRE. — *Rapport du Préfet.* L'Archiviste a continué, cette année, le travail commencé et s'est surtout occupé de la préparation de l'inventaire général. Les séries A, B et C sont terminées ; celui de la série D le sera prochainement. Enfin, celui de la série E, qui comprend les familles et les communautés, est fort avancé, et la rédaction en aurait été aujourd'hui probablement achevée, si le mauvais état de la santé de l'Archiviste ne l'avait obligé à s'abstenir de tout travail pendant quelques mois. Une autre cause de retard est venue se joindre à celle-ci. L'auxiliaire, qui depuis plusieurs années avait été mis au courant du classement des titres, a abandonné son emploi au moment où il pouvait être le plus utile. Il a été remplacé par M. Lhelgoualch, dont M. l'Archiviste n'a eu, jusqu'ici, qu'à se louer, mais qui, n'étant pas encore au fait du travail, ne pourra, d'ici à quelque temps, lui être d'une grande utilité.

HAUTE-GARONNE. — *Rapport du Préfet.* M. Baudouin, Archiviste s'applique à satisfaire aux exigences de sa mission avec l'aide de collaborateurs, dont il se plaît à constater le dévouement intelligent.

La richesse des Archives du département en fait un dépôt du premier ordre. D'autre part, la réunion des Archives de l'ancien parlement de Toulouse donne à nos Archives une importance spéciale et augmente les obligations de l'Archiviste.

Rapport de la Commission. La Commission chargée de visiter les Archives Départementales propose d'élever de 2,200 fr. à 3,000 fr. le traitement de l'Archiviste. Cette augmentation est justifiée, soit au point de vue hiérarchique, qui ne permettait pas de laisser plus longtemps l'Archiviste départemental, chef d'un service important, dans une position si fort inférieure, quant au traitement, à celui des chefs de division de la préfecture.

Un membre fait observer qu'il ne s'oppose pas à l'augmentation demandée, mais qu'il est du plus grand intérêt pour le département, et même pour quelques départements limitrophes dépendant autrefois du parlement de Toulouse, de recommander surtout à l'Archiviste de mettre de l'ordre dans les innombrables liasses ou cartons qui composent les Archives, de se livrer à un classement réel et sérieux, et de garder registre de ce travail pour rendre possibles, dans le présent et dans l'avenir, les recherches et la découverte de titres ou de documents importants; il croit devoir signaler que, jusqu'à présent, ce travail de classement n'existe pas ou est à peine commencé, et que c'est là une chose fort regrettable.

Le Préfet dit qu'il est désireux aussi de voir se continuer avec ardeur et se parachever un travail de classement dont il reconnaît l'importance; que l'insuffisance des locaux affectés aux Archives apporte quelques entraves à ce travail; qu'il est possible que, dans un temps prochain, ces locaux soient agrandis par l'adjonction d'un bâtiment considérable, dont la propriété est encore en question.

GERS. — *Rapport de la Commission.* Un rapport de M. le conservateur des Archives, inséré au dossier, témoigne du zèle et des soins de ce fonctionnaire pour réunir et mettre en ordre non-seulement toutes les anciennes chartes, papiers, dossiers et registres appartenant aux communes ou corporations des pays qui composent, en ce moment, le département du Gers, mais encore des titres appartenant à des familles importantes qui ont laissé, dans nos contrées, des traces de leurs noms et de leur gloire.

Nos Archives Départementales renferment des richesses aussi précieuses pour la science que pour l'histoire, et contiennent des documents antérieurs à 1790, et qui se succèdent jusqu'à nos jours.

Votre Commission des finances, Messieurs, ne peut qu'applaudir aux soins éclairés que M. le conservateur actuel de nos Archives a apportés au classement des documents qui forment, sous le rapport historique, nos richesses départementales; elle est heureuse d'en consigner ici sa satisfaction. M. l'Archiviste s'efforce aussi de seconder MM. les maires dans le travail de dépouillement ou de classement qu'ils pourraient avoir à faire, et surtout de les éclairer sur les pièces qui seraient de nature à être déposées aux Archives Départementales.

Quant aux Archives de la préfecture, Messieurs, elles ont été placées, dès l'année dernière, par M. le Préfet, sous la garde et sous l'habile et intelligente direction de M. Niel, qui les a classées et collationnées avec le plus grand soin; elles ont été mises dans l'ordre le plus parfait, et son catalogue détaillé contiendra les sommaires des documents les plus importants sous le rapport de l'administration et sous celui de l'histoire. Nous constatons l'état dans lequel se trouve cette précieuse collection avec la plus vive satisfaction, que le Conseil voudra bien, nous l'espérons, partager avec la Commission.

Conclusions adoptées.

Gironde. — Le rapport de l'Archiviste contient des détails pleins d'intérêt sur les travaux de dépouillement, de classement et de confection d'inventaires prescrits par la circulaire du Ministre de l'Intérieur du 20 janvier 1854, et auxquels l'Archiviste continue d'apporter le zèle, l'intelligence et l'esprit de persévérance dont il a toujours fait preuve.

Hérault. — *Rapport du Préfet.* Le rapport annuel de l'Archiviste constate l'état d'avancement du classement du vaste et précieux dépôt dont il a la surveillance. Le nouvel inventaire dont le Ministre de l'Intérieur a prescrit la confection se poursuit activement, et la partie terminée a mérité à M. Thomas des éloges de Son Excellence.

Les avantages que le local maintenant affecté aux Archives présente au public, ont beaucoup augmenté le nombre des visiteurs, et, par suite, le produit des expéditions, dont le chiffre s'est élevé à 131 fr. en 1858, tandis qu'il a atteint 214 fr. pour les six premiers mois de 1860. Ce mouvement progressif ne paraît pas devoir s'arrêter.

Les bons et longs services de M. Thomas, dont les nombreux travaux littéraires et historiques ont été constamment dirigés vers un but d'utilité départementale, me faisaient, depuis longtemps, désirer de pouvoir vous proposer l'élévation de son traitement au chiffre fixé pour les Archives du Rhône et de la Gironde; mais la dépense que la translation des Archives a occasionnée au département a dû, jusqu'à présent, faire ajourner la réalisation de mes intentions à cet égard. Aujourd'hui, je n'hésite pas à vous proposer cette mesure en faveur d'un fonctionnaire des plus méritants, et dont le traitement, porté à 4,000 fr., sera encore inférieur à celui des chefs de division de première classe de la préfecture, puisque la somme de 300 fr., votée précédemment pour frais de tournées de l'Archiviste, ne sera plus reproduite, à l'avenir, au budget.

Le classement des Archives des sous-préfectures qui ne sont pas sans importance est encore bien incomplet, malgré mes instructions. Le défaut d'espace et le manque d'employés ne permettent pas à MM. les Sous-préfets de donner à ce travail les soins qu'il réclame.

Ille-et-Vilaine. — *Rapport du Préfet.* Le classement d'un très-important versement de papiers administratifs, provenant des bureaux de la préfecture et remontant à une époque assez reculée, a été la principale occupation du bureau des Archives. Néanmoins, la partie des Archives anciennes n'a pas été négligée, et trois nouveaux cahiers d'inventaire ont été rédigés.

Les rapports de M. l'Inspecteur général des Archives, qui m'ont été transmis par Son Excellence, témoignent de la situation favorable du service de nos Archives.

Chaque année, le dépôt prend une importance plus grande, en raison des nombreux versements qui y sont faits par les divers services administratifs, et cependant les appointements de l'Archiviste sont inférieurs à ceux de ses collègues des départements voisins, quoique leurs Archives ne soient pas plus importantes que celles d'Ille-et-Vilaine, et que leurs nominations soient postérieures à celle de M. Quesnet.

INDRE. — *Rapport du Préfet.* Son Excellence M. le Ministre de l'Intérieur a appelé ma bienveillance sur M. l'Archiviste, en me faisant observer que les documents précieux de nos Archives sont confiés en ce moment aux soins éclairés d'un employé capable et distingué, sans que sa position soit rémunérée en rapport avec les connaissances qu'il possède et le zèle dont il fait preuve.

Persuadé d'avance, Messieurs, de vos bonnes intentions, j'ai pensé que vous voudriez bien porter le chiffre de son traitement à 2,000 fr. Je verrais avec plaisir que ce témoignage de votre intérêt fût donné à un employé qui le mérite à tous égards.

En lisant le rapport de l'Archiviste, il vous sera facile de constater combien le classement des pièces a fait de progrès depuis un an, et avec quel soin les documents sont classés et inventoriés.

Rapport de la Commission. Considérant que M. l'Archiviste paraît, par son zèle exceptionnel et son aptitude, mériter l'augmentation de traitement proposée en sa faveur, et que les autres allocations demandées, reproduction de celles précédemment inscrites, sont justifiées, accorde lesdites demandes.

INDRE-ET-LOIRE. — *Rapport du Préfet.* Vous avez alloué, dans vos précédents budgets, un crédit de 294 fr. pour dépouillement extraordinaire des Archives, achat de cartons, établissement de tablettes et frais de chauffage.

L'augmentation de 306 fr. que je propose, aura pour effet de porter le total de cette somme à 600 fr. Elle est nécessitée par l'annexion aux Archives, devenues beaucoup trop étroites, d'un vaste local sous les combles, local déjà rempli à moitié de papiers, et qu'il faut approprier et garnir de rayons et de tablettes. D'un autre côté, cette annexe, fort éloignée du principal dépôt, rend indispensable la présence d'un aide aux Archives, au moins pour les jours où les bureaux sont ouverts au public ; sans cela, les communications de pièces deviendraient dangereuses et même impossibles.

Une dépêche ministérielle, du 11 février dernier, réclame la création de cet aide, que vient encore justifier le surcroît de travaux occasionné par la rédaction du catalogue général des livres appartenant au département. J'ai pu apprécier le travail de M. Fournier, qui, depuis plusieurs années, rend des services trop peu récompensés. Si vous approuvez ma proposition, nous nous serons assuré le concours d'un Aide-Archiviste intelligent et dévoué.

D'après le rapport de l'Archiviste, les pièces inventoriées cette année proviennent des églises collégiales de Touraine. A leur tête, et presque à la tête des collégiales de France, il faut citer celle de Saint-Martin, qui, dotée par les empereurs et les rois, possédait des richesses considérables et un chartrier de la plus grande valeur historique.

Malheureusement, les dévastations révolutionnaires ont sévi là peut-être plus que partout ailleurs : des mains insensées n'ont pas craint de livrer aux flammes des diplômes de Charlemagne ; le monogramme du grand empereur n'a pu servir de sauvegarde à d'inoffensifs parchemins ! Tous les précieux débris de ce magnifique dépôt ont été pieusement recueillis et inventoriés par l'Archiviste, qui signale surtout la collection des inventaires dressés par les Chanoines, formant, quoique incomplète, 25 volumes in-fol., et digne d'être comptée au nombre des plus riches documents de ce genre que possède la France.

Notre dépôt s'est encore enrichi, cette année, de près de 1,000 pièces, tant papiers que parchemins, dont quelques-unes remontent au XIVe siècle, et qui se trouvaient sous les combles du château d'Amboise, où elles ont été découvertes par M. le secrétaire général de la préfecture.

Rapport de la Commission. Les Archives du département sont une des plus précieuses richesses de ce genre : leur conservation n'intéresse pas seulement l'administration et les familles de la province, elle est du plus haut intérêt pour la science. Aussi la Commission s'attacherait volontiers à faire ressortir toute l'importance qu'on mettait jadis à la conservation des précieux documents placés aujourd'hui dans les dépôts publics, où ils sont classés dans un ordre méthodique et uniforme. Les Archives postérieures à 1790 sont toutes classées ; celles antérieures à 1790 le sont également, et le classement des Archives ecclésiastiques est fort avancé. La commission espère que, grâce au zèle et à la sagacité du laborieux Archiviste et de l'aide qu'il s'est associé, il sera bientôt mis fin au classement et à la rédaction de l'inventaire de toutes les Archives du département. Par ces considérations, qui justifient l'augmentation de crédit que le Préfet a cru devoir inscrire au budget de 1861 pour ce service, la Commission propose de maintenir l'allocation portée pour les Archives.

Ces conclusions sont adoptées.

ISÈRE. — *Rapport du Préfet.* M. Pilot, outre les travaux ordinaires de son service, s'est occupé, depuis la dernière session du Conseil général, du classement des registres et papiers de l'ancien parlement de Grenoble, commencé l'année dernière, et dont M. le Ministre de l'Intérieur a recommandé la continuation.

Ce classement, suivi dans l'ordre chronologique et opéré avec une intelligente méthode, est parvenu à la fin du XVIe siècle. Il renferme déjà plus de deux cents articles.

Des copies partielles de l'inventaire du classement opéré, transmises successivement à l'administration supérieure, ont reçu l'encourageante approbation du Ministre. M. Pilot a également continué l'inventaire sommaire des Archives de l'hospice de Grenoble.

En résumé, M. Pilot s'acquitte de la manière la plus satisfaisante de l'ensemble comme des détails de son service ; et toutes les parties de son travail, transmises au fur et à mesure de la confection, à Son Excellence le Ministre de l'Intérieur, ont obtenu son approbation.

Jura. — *Rapport du Préfet.* Le personnel des Archives départementales a éprouvé une mutation, nécessitée par la démission de M. Thomeuf, Archiviste principal. J'ai dû recourir de nouveau à l'intervention du Ministre de l'Intérieur pour pouvoir remplir cette vacance, et, sur les indications qu'a bien voulu me donner Son Excellence, j'ai, par arrêté du 15 octobre 1859, appelé à cet emploi M. Junca, ancien élève de l'École des Chartes et Archiviste paléographe, lequel a été installé au mois de novembre suivant.

A cette époque, l'inventaire en était à la série C, comprenant 152 cahiers, dont le dernier venait d'être achevé; mais il restait, pour le compléter, à inventorier un assez grand nombre de documents formant des dossiers épars et incomplets, dont la mise en ordre présentait une extrême difficulté. C'est ce travail que M. l'Archiviste a d'abord entrepris, et qu'il vient de terminer. Il occupe 17 cahiers, qui, réunis aux 152 précédents, emportent le total pour la série C à 169.

Cette série peut donc être considérée comme achevée, sauf les quelques documents que la suite de l'inventaire pourra faire découvrir, et qui y seront ajoutés comme supplément. Actuellement la série D va pouvoir être entreprise.

Rapport de la Commission. Le Conseil général signale la nécessité de charger un homme spécial du classement et de la mise en ordre des Archives de la sous-préfecture de Dôle, et demande une allocation pour cet objet.

Cette demande n'a pu être examinée utilement, la proposition ne faisant pas connaître l'employé qui sera chargé du travail, ni la quotité du crédit à allouer.

Quoi qu'il en soit, l'importante opération du dépouillement et de l'inventaire des titres et papiers que renferment les divers établissements du département, se poursuit sans interruption autre que celle qu'il faut absolument subir. Dès lors, chaque année nous approche du terme où l'ordre désirable sera enfin établi dans ces dépôts, et où l'on pourra, en même temps, apprécier toute leur valeur.

LANDES. — La Commission témoigne sa satisfaction de la bonne tenue du dépôt confié aux soins de l'Archiviste.

LOIR-ET-CHER. — *Rapport du Préfet.* Les tablettes actuelles des Archives sont insuffisantes pour recevoir toutes les liasses, et depuis longtemps un grand nombre de dossiers sont déposés sur les carrelages, au grand préjudice de leur conservation. Je propose, pour établir des tablettes, d'allouer un crédit de 626 francs 09 cent.

Rapport de la Commission. — Ne serait-il pas nécessaire de faire un scrupuleux examen des papiers à conserver; sans cette précaution, n'aurait-on pas lieu de craindre qu'avec la disposition si prononcée de notre temps aux écritures de toute sorte, on ne soit sans cesse obligé d'agrandir les locaux destinés dans l'origine à contenir des documents et titres bien nécessaires, mais dont beaucoup de pièces insignifiantes et complétement inutiles viendraient bientôt à absorber toute la capacité.

LOIRE. — (Voir les précédentes délibérations, *Manuel*, p. 338). Le Conseil général témoigne à l'Archiviste sa satisfaction pour le zèle intelligent qu'il déploie dans ses fonctions.

HAUTE-LOIRE. — Il est demandé un crédit de 400 francs pour achat de casiers, planches, cartons, etc., nécessaires à l'appropriation d'une salle destinée à recevoir les Archives dans l'hôtel de la sous-préfecture de Brioude.

Le Conseil général vote cette somme.

LOIRE-INFÉRIEURE. — *Rapport du Préfet.* Le dépouillement des pièces comprenant la partie financière, antérieure à 1790, commencé l'année dernière par les documents relatifs aux *Miseries* des villes, à la chancellerie et au parlement en Bretagne, a été suivi du classement des comptes de la recette générale des finances et des comptes des domaines, accompagnés des pièces justificatives à l'appui. Ces documents, de 1693 à 1780, sont bien incomplets et présentent d'ailleurs très-peu d'intérêt ; ils se composent de quittances données par les employés de la maréchaussée, les membres du Parlement, de la Chancellerie et de la Cour des comptes.

Les payements des frais de justice criminelle, dépenses des prisons, réparations aux bâtiments des prisons, menues dépenses du Parlement et de la Chambre des comptes, fondations et aumônes faites à des abbayes ou à des prieurés, traitement des employés à la recette des domaines et à la vérification des rôles des fouages : ces pièces étaient enfermées dans quarante-huit sacs ; elles ont été réunies en 208 liasses, formant ensemble un total de 62,460 pièces.

L'examen des titres provenant, disait-on, de l'ancienne sénéchaussée royale de Guérande, et déposés d'abord au greffe du tribunal de Savenay, a démontré que ces documents n'appartenaient pas tous à la sénéchaussée de Guérande.

Cette collection renfermait, en effet, un grand nombre de titres, tels que registres d'audience, tutelles, curatelles, inventaires, appositions de scellés, décrets de mariages, enquêtes civiles et criminelles, etc., provenant des greffes des marquisats de Becdelièvre et de Coislin, des seigneuries de Careil, du Châtelier, d'Escoublac, de La Haye, de la Vau, de Henleix, de la Lande, de Kerougat, de Malville, de l'abbaye de Blanche-Couronne, des regaires de Guérande et du prieuré de Donges ; 50,000 de ces différents titres, qui appartiennent au dernier siècle, ont été classés.

La rédaction de l'inventaire sommaire se continue par l'Archiviste adjoint. Six cahiers de cet inventaire ont été terminés depuis la dernière session du Conseil général ; ils contiennent l'analyse des registres de la chancellerie en Bretagne, 1461-1586 ; de la Chambre des comptes, 1492-1790 ; des plumitifs de la même Chambre, 1524-1790 ; des conclusions du procureur général, 1737-1789 ; de la présentation et de la réception des comptes de 1663 à 1790, et enfin de différentes liasses de minutes de la Chambre des comptes, de 1609 à 1633. Ces divers documents forment ensemble 262 registres et 67 liasses.

Les registres de la chancellerie et ceux de la Chambre des comptes contiennent des renseignements du plus vif intérêt pour l'histoire de Bretagne.

Loiret. — *Rapport du Préfet.* Depuis la dernière session du Conseil général, l'inventaire des Archives antérieures à 1790 a été poursuivi avec activité. Il comprend les titres des duchés de Nemours et de Vendôme, et ceux des comtés de Gien, de Dourdan et de Blois. Avec le comté de Blois finit la série A, relative au domaine royal et aux apanages. Cette série comprend 1602 liasses ou registres. Son Excellence a approuvé tout le travail, qui est contenu dans le volume déposé sur le bureau du Conseil. Il sera complété par des tables de noms de lieux, de personnes et de matières ; à mesure que le catalogue se complète, les recherches deviennent plus faciles et se multiplient.

Les Archives ont été augmentées de 2,000 liasses et d'autant de registres, provenant des greffes des justices royales et seigneuriales antérieures à 1790, et qui ont été extraites du greffe de la Cour impériale.

La revendication des pièces provenant de l'ancienne université d'Orléans et déposées à la Bibliothèque publique est poursuivie auprès de la ville d'Orléans, qui a produit des objections et a soumis la question au Conseil municipal, dont l'avis n'est pas encore connu.

Le classement des Archives de la sous-préfecture de Gien, pour lequel un crédit de 180 francs a été voté l'an dernier, n'est pas terminé. On objecte l'insuffisance du crédit en présence de l'étendue du travail. Des instructions sont données pour que ce travail se poursuive et s'achève le mieux et le plus promptement possible, sauf à examiner ensuite si un complément d'indemnité doit être accordé.

LOT. — *Rapport du Préfet.* M. le Ministre de l'Intérieur se plaint de l'indifférence avec laquelle le Conseil a accueilli les propositions relatives aux Archives départementales. Le Conseil, en ajournant le vote de la somme de 2,000 francs qui lui était demandé, l'année dernière pour l'appropriation d'un local destiné à être annexé au dépôt des Archives, a entravé la marche du service. Il n'est plus possible maintenant de différer l'appropriation des locaux dont il s'agit. L'encombrement est devenu tel, que non-seulement l'on ne peut recevoir les versements des papiers que doivent effectuer diverses administrations, mais que l'Archiviste est entravé dans ses opérations de classement.

Le Conseil d'arrondissement de Gourdon a exprimé le vœu qu'un crédit de 1,500 francs soit ouvert, au budget de 1861, en vue de 'appropriation, dans l'hôtel de la sous préfecture de Gourdon, d'un local affecté au dépôt des Archives de cet arrondissement.

Ces crédits sont votés.

LOT-ET-GARONNE. — *Rapport du Préfet.* Les travaux de classement se poursuivent avec régularité. La série L a été analysée et inventoriée. Les Archives se sont enrichies d'un grand nombre de documents précieux. (Voyez ci-après *Archives Communales.*)

Les Archives des sous-préfectures sont partout soumises à un classement qui ne tardera pas à porter ses fruits. A Marmande, le travail a déjà mérité les éloges de M. l'Inspecteur général; il est beaucoup moins avancé à Nérac et à Villeneuve; mais les propositions budgétaires que j'ai soumises au Conseil général pour la sous-préfecture de Nérac et l'agrandissement projeté des bâtiments de la sous-préfecture de Villeneuve, permettront d'y ramener bientôt l'ordre et la régularité.

LOZÈRE. — *Rapport de la Commission.* Dans son rapport, le Préfet expose que le Ministre insiste pour que l'allocation de 200 francs que le Conseil accorde chaque année à l'Archiviste à titre de rémunération, soit ajoutée à son traitement fixe. La Commission a cru devoir persister dans la résolution prise dans la dernière session.

MAINE-ET-LOIRE. — *Rapport de la Commission.* Un membre fait connaître au Conseil des détails intéressants sur l'augmentation incessante des Archives modernes, qui rend de plus en plus nécessaire l'agrandissement du local qui leur est destiné. Les Archives anciennes continuent à s'enrichir, et la seule série des titres des seigneuries et des familles Angevines compte plus de 100,000 pièces classées depuis un an. Une collection de plans anciens de la ville d'Angers, depuis le XVIe siècle jusqu'à nos jours, a pu être réunie par les soins de l'Archiviste.

La Commission propose au Conseil de s'associer au juste tribut d'éloges donnés à ce fonctionnaire, pour l'ordre qui règne dans les Archives et la direction éclairée qu'il y apporte.

MANCHE. — (Voir les précédentes délibérations du Conseil, *Manuel,*

p. 338.—*Rapport du Préfet.* Le rapport de l'Archiviste sera inséré dans l'Annuaire du département pour 1861. En compulsant les titres poudreux de la vieille Normandie, ses observations ingénieuses ne laissent point échapper les textes qu'il est important d'en extraire, pour mettre en relief les us et coutumes de notre province. C'est ainsi que l'on découvre la raison d'être de certaines institutions, leur mise en vigueur, et les résultats qu'elles procurent.

La philosophie de l'histoire et la statistique profitent l'une et l'autre de ces rapprochements.

MARNE. — *Rapport du Préfet.* Malgré les travaux de mise en ordre nécessités par les nombreuses demandes de recherches et d'expédition, l'Archiviste a continué et achevé le classement de la série B de l'inventaire sommaire. Il annonce que les premiers cahiers en seront remis prochainement au Préfet. Il a dépouillé une collection importante de pièces et titres de famille qu'il a recueillis dans une maison de Châlons. Ces documents ont une utilité historique incontestable : il y a plusieurs lettres de Louis XIV au maréchal de Fabert et au chevalier de Lhéry, et quelques pièces relatives aux événements de 1815 à Sainte-Menehould.

M. Willame, du Conseil général, a donné un document précieux. C'est un ancien inventaire de l'abbaye de Haute-Fontaine.

J'ai prescrit l'établissement de crémaillères aux casiers destinés à recevoir les registres antérieurs à 1790 : ces registres sont à terre, sur le parquet.

HAUTE-MARNE. — *Rapport du Préfet.* Les seules séries A, C et D, des Archives antérieures à 1790 ont vu rédiger leurs inventaires, et si celui de la série A a été approuvé, les deux autres ont été renvoyés avec demande de rectifications.

Les autres séries, pour la partie historique, ou ne sont que matériellement reconnues et classées, comme la série E, ou ont déjà donné lieu à divers travaux d'analyse, comme les séries G. et H, travaux particuliers qui généralement ne rentrent pas dans l'esprit du cadre ministériel du 24 avril 1841, et ne sont pas conformes aux instructions du 20 janvier 1854.

Quant à la partie moderne des Archives, elle se trouve classée avec soin d'après le cadre précité, et tous les jours les employés chargés de ce service en améliorent le classement, conformément aux instructions ministérielles.

MAYENNE. — *Rapport du Préfet.* Le nouveau bâtiment destiné à recevoir les Archives a reçu sa complète destination.

Les papiers y ont été transférés sous la surveillance de l'Archiviste, avec tous les soins qu'exige une semblable opération. Peu d'établissements de ce genre sont placés dans d'aussi bonnes conditions. Vous pouvez vous en convaincre en visitant les Archives. Vous serez satisfait des dispositions favorables du local, du bon classement des documents, et vous ne regretterez pas la dépense que vous avez dû faire pour la construction de ce bâtiment.

Rapport de la Commission. — La Commission chargée de visiter les Archives les a trouvées rangées en bon ordre.

MEURTHE. — *Rapport du Préfet.* Je dépose sur votre Bureau, en exécution de l'article 6 du règlement du 6 décembre 1843, le rapport de M. l'Archiviste sur la situation des Archives Départementales.

Indépendamment des travaux ordinaires auxquels il s'est livré, M. Lepage a dû classer et mettre en ordre, tant à l'hôtel de la Monnaie qu'à la nouvelle préfecture, les papiers qui se trouvaient aux Archives des anciens bureaux. Parmi ces papiers, il en est une certaine quantité susceptibles d'être vendus. L'Archiviste en fera le triage dès que ses autres occupations le lui permettront, et je pense vous soumettre des propositions à ce sujet dans votre prochaine session.

Malgré le temps et les soins qu'a exigés cette opération, cet agent a poursuivi la rédaction de l'inventaire sommaire, qui s'est augmenté de plus de 1,000 articles depuis un an. Le dépouillement des pièces inventoriées a mis en lumière des renseignements historiques qui ne manquent pas d'intérêt.

Enfin, notre dépôt s'est enrichi de plusieurs titres précieux, notamment de 41 registres capitulaires de la cathédrale de Toul, qui faisaient partie de la bibliothèque de l'évêché, et que Mgr Darboy a bien voulu consentir à réintégrer dans les Archives Départementales.

MEUSE. — *Rapport du Préfet*. Le rapport de l'Archiviste rend compte de l'état d'avancement où est parvenue la translation des Archives dans leur nouveau local.

Tous les documents appartenant aux Archives historiques, c'est-à-dire aux séries antérieures à 1790, ont pris place dans les salles du nouveau dépôt. Le déménagement des Archives Départementales est commencé ; une grande partie des liasses a été remaniée, les inventaires sommaires continués ; les articles qui s'y trouvent consignés s'élèvent aujourd'hui à 676. Ce travail a révélé des faits intéressants pour l'histoire.

Rapport de la Commission. — Votre Commission, qui a pris connaissance de l'intéressant rapport de M. l'Archiviste, croit devoir féliciter cet employé pour le zèle et l'activité qu'il a montrés dans les travaux confiés à ses soins.

MORBIHAN. — *Rapport de l'Archiviste*. Ont été estampillés cette année tout le fonds des registres de Vannes, la fin des communautés religieuses, une partie de la sénéchaussée d'Auray et de la série S. Le classement a été achevé pour cette dernière série et commencé pour la lettre P, en ce qui concerne les registres et papiers versés annuellement par le receveur général et provenant de l'arrondissement de Vannes.

Pour la partie ancienne, après avoir terminé le présidial, qui vient d'être augmenté récemment d'une certaine quantité de pièces, l'Archiviste a entrepris le classement des titres de l'ancienne sénéchaussée d'Auray, dont tous les registres, au nombre d'environ 400, ont été inventoriés dans trois cahiers, dont deux ont été adressés dernièrement au Ministre. Ces registres sont divisés en deux catégories, les uns, appelés d'*ordinaire* ou d'*audience*, renferment l'enregistrement des procédures diverses pour successions, partages, etc. ; les autres, dits *extraordinaires* ou d'*office*, contiennent les tutelles, curatelles, etc. Quant aux documents historiques, quoiqu'ils soient en moins grand nombre que dans le fonds du présidial, on en trouve cependant d'intéressants à consulter. Nous mentionnerons, par exemple, des déclarations de défrichements, des recueils d'édits et lettres-patentes, entre autres celles d'Henri IV, relatives à la confection de nouveaux papiers terriers en Bretagne; les plaids généraux de la sénéchaussée, des enquêtes pour réparations de divers presbytères, des documents concernant le commerce des grains, étoffes, etc.; les registres d'écrou des prisons d'Auray, les acquisitions et fondations en faveur de l'hôpital général de cette ville, des pièces relatives à la translation de la faculté de droit de Nantes à Rennes en 1735, à l'annexion du marquisat de Belle-Isle au domaine royal en 1718, un état des recettes et dépenses du Domaine sous la juridiction d'Auray et Quiberon (1620 et 1623).

Indépendamment du classement des titres de la sénéchaussée d'Auray, l'Archiviste a réparti entre les divers fonds auxquels ils semblaient appartenir, les charretées de papiers qui nous étaient arrivées dans la plus grande confusion, soit du tribunal de Vannes, soit de celui de Ploërmel. Plus de 80 fonds ont été ainsi établis, ce qui permettra, en attendant le classement particulier de chacun d'eux, de faire plus facilement les recherches urgentes.

Il est regrettable que notre dépôt, qui commence à prendre quelque valeur, ne puisse se compléter tout à fait par la réunion des fonds que possèdent encore les tribunaux de Lorient et de Napoléon-Ville, et pour l'obtention desquels les démarches commencées sont restées jusqu'à ce jour sans résultats.

Quelques réintégrations assez importantes ont été faites cette année, les unes par les communes, les autres par la sous-préfecture de Napoléon-Ville. C'est à savoir : plusieurs liasses de pièces historiques et une centaine de cartes assez curieuses figurant les divers théâtres de nos guerres sous Louis XIV et Louis XV.

MOSELLE. — *Rapport de la Commission.* La commission désignée pour inspecter les Archives, a constaté de nouveau leur parfaite situation, ainsi que le progrès opéré dans le dépouillement des titres. Elle se plaît à répéter que l'Archiviste ne mérite que des éloges pour le zèle et l'intelligence avec lesquels il remplit la mission qui lui est confiée.

Nièvre. — *Rapport du Préfet.* Les travaux de l'Archiviste sont de deux sortes : les uns, purement matériels, sont relatifs au classement, les autres à la rédaction des inventaires. Ce double travail est exécuté avec soin par M. l'Archiviste ; il y apporte un talent véritablement consciencieux. De nouvelles dispositions ont été apportées dans l'arrangement des liasses, qui seront désormais posées verticalement, avec des étiquettes mobiles.

Les inventaires faits et approuvés portent principalement sur les titres de la Chambre des comptes du Nivernais et se composent de soixante-dix-huit articles, comprenant 2955 pièces, dont les plus importantes ont été analysées et classées. Ce travail est important. Les documents sont relatifs aux concessions faites aux ducs et comtes de Nevers par les rois de France, aux monnaies, fondations, affranchissements, réceptions, obsèques, entrées solennelles, actes de foi et hommages, limites de justice, etc.

On recherche les titres de famille, qui étaient auparavant confondus dans les Archives ecclésiastiques.

Les registres des administrations antérieures à la création des préfectures étaient depuis longtemps dispersés. Un certain nombre ont été réintégrés.

Grâce à l'ordre qui règne dans le dépôt des Archives de la Nièvre, les recherches, soit pour les besoins du service, soit pour les particuliers, peuvent s'opérer avec facilité. Et quand on compare cette situation au désordre et à la confusion de l'ancien état de choses, on ne peut s'empêcher d'applaudir aux mesures qui ont assuré cette amélioration.

L'Archiviste propose la vente des papiers inutiles. Elle serait opérée, suivant leur nature, soit au profit de l'État, soit au profit du département. L'inventaire soumis au Préfet a démontré l'inutilité de ces papiers.

Nord. — *Rapport du Préfet.* Je ne reviendrai pas sur les éloges donnés à M. Le Glay depuis son entrée en fonctions, pour la manière intelligente avec laquelle il dirige l'important dépôt qui lui est confié et pour l'ordre et les soins qui président aux différents services. Le Conseil général est, je le sais, parfaitement édifié à ce sujet, et, pour en acquérir de nouveau la conviction, il pourrait, s'il le jugeait convenable, désigner deux de ses membres qui visiteraient nos Archives et lui rendraient compte des résultats de leur mission.

Le rapport de M. Le Glay entre dans des détails sur les faits principaux qui se sont passés aux Archives depuis la session de 1859. Les inventaires sommaires, dont la rédaction est prescrite par M. le Ministre de l'Intérieur, ont éprouvé quelques retards par suite des travaux récemment effectués aux bâtiments. Ils n'ont pourtant pas été interrompus, et le 18e cahier a été produit récemment.

Un échange de documents a eu lieu, cette année, avec la Belgique, du consentement de M. le Ministre de l'Intérieur. Nous sommes ainsi rentrés en possession de titres et de registres intéressant le département du Nord, et dont l'absence de notre dépôt formait une lacune regrettable.

A la vente de M. Bigaut, ancien président de chambre à la cour impériale de Douai, M. Le Glay a pu se rendre acquéreur, pour nos Archives, d'un certain nombre de documents dont il donne la nomenclature et qui présentent un intérêt réel pour le département. Cette acquisition a donné lieu à une dépense de 606 fr. 60 c., qui a pu être payée sur le crédit ordinaire.

De nombreuses personnes ont été admises, avec les précautions ordinaires, à faire des recherches dans le dépôt départemental, soit dans l'intérêt du pays, soit dans l'intérêt des familles ; et, grâce à la bonne tenue de nos Archives, les investigations ont été toujours faciles et souvent couronnées de succès.

Rapport de la Commission.—La Commission s'associe aux éloges qui sont donnés à M. Le Glay sur la manière intelligente avec laquelle il s'occupe de l'important dépôt qui lui est confié. Seulement, il croit devoir signaler au Conseil, ainsi qu'à M. le Préfet, que l'écriture des expéditionnaires est bien peu soignée et fort difficile à lire. Il voudrait voir chez les employés surtout une écriture plus belle et plus lisible.

OISE. — *Rapport du Préfet.* A partir du 12 avril 1858, un Archiviste adjoint a été attaché au service des Archives. Depuis son entrée en fonctions, l'Archiviste a opéré le classement et la mise en ordre des papiers de 98 établissements religieux, et a rédigé, en double, les inventaires des abbayes de Saint-Lucien, de Saint-Quentin, d'Ourscamps et de Saint-Symphorien-les-Beauvais, ainsi que des Archives civiles antérieures à 1790, séries A à E.

Il a envoyé au Ministre de l'agriculture et du commerce, sur sa demande, l'extrait des pièces antérieures à 1790, déposées aux Archives de l'Oise, concernant les ponts et chaussées.

Il a préparé les inventaires provisoires et sommaires des abbayes de Froidmont et de l'évêché de Beauvais.

Il ne reste plus à classer que les papiers de 21 établissements religieux, sur 119, et ceux des diverses fabriques.

Orne. (Voir les précédentes délibérations, *Manuel* p, 339). — *Rapport du Préfet.* J'ai fait figurer au budget un crédit de 1,008 fr. destiné à l'achat d'un cartulaire du XIIe siècle, intéressant le diocèse de Séez. Ce cartulaire, copié vers 1550 et présentant toute garantie d'authenticité, renferme un grand nombre de chartes qu'il serait désirable de posséder dans nos Archives. La commission spéciale instituée à la préfecture a signalé l'importance de ce document. J'espère que son possesseur consentira à le céder au département dans les conditions qu'il a lui-même acceptées du libraire avec lequel il a traité.

Le zèle de l'Archiviste est connu. Les travaux qu'il a exécutés indiquent qu'il fera bien ce qui reste encore à faire.

Rapport de la Commission. — Dans le budget des recettes figure une somme de 100 francs à provenir de la vente de papiers inutiles sortant des Archives de la préfecture et des sous-préfectures. La Commission des finances demande que le Conseil invite le Préfet à faire faire chaque année, dans les Archives Départementales et d'arrondissement, la recherche de ces papiers dont l'inutilité serait assez démontrée, pour que leur suppression pût être ordonnée. Indépendamment de la valeur qu'offrirait la vente de ces papiers, on aurait l'avantage de décharger le dépôt d'une masse toujours croissante de documents sans intérêt, dont l'accumulation tendrait à rendre ce dépôt inextricable et insuffisant. La Commission des finances ne fait sur ce point qu'appuyer une proposition déjà formulée par la Commission des Archives.

PAS-DE-CALAIS. (Voir les précédentes délibérations, *Manuel* p. 340.) — *Rapport du Préfet.* Depuis un an, plusieurs centaines de registres et liasses de papiers ont été envoyés aux Archives Départementales par les bureaux de la préfecture et par les diverses administrations financières. Ces documents ont été examinés et rangés dans leurs séries respectives; mais le classement définitif de quelques-uns a dû être ajourné faute de place. M. l'Archiviste a aussi continué le classement, par ordre chronologique, des diverses liasses d'actes de vente, cessions et transports, qui font suite à celles examinées les années précédentes, et se trouvent aujourd'hui dans des cartons en forme de registres.

La nouvelle loi sur les titres de noblesse a occasionné de longues et nombreuses recherches dans les Archives du greffe du Gros, de l'Élection, du Conseil privé d'Artois, dont le classement se poursuit avec toute l'activité désirable. Ce travail, toutefois, est loin d'être complet et ne peut, cette année encore, être l'objet d'un rapport spécial; chaque jour, en effet, de nouvelles recherches, de nouvelles découvertes ont lieu dans les Archives du Conseil et de l'Élection d'Artois. Malgré des pertes regrettables, malgré d'anciennes dilapidations, le dépôt d'Arras contient assez de titres, pour que toutes les familles intéressées puissent justifier de leur origine nobiliaire. Les inventaires dressés jusqu'à ce jour facilitent et abrégent considérablement les recherches.

Le zèle aussi intelligent que dévoué de l'Archiviste ne se ralentit pas.

Ainsi que nous l'avons dit, parmi les documents classés depuis un an, les plus importants sont les titres et papiers du Conseil provincial d'Artois. On y a retrouvé le titre original par lequel Charles-Quint a institué une chambre de conseil en Artois. L'Archiviste y a découvert encore des lettres de Philippe II, sur les biens, terres et seigneuries confisqués sur les vassaux et gentilshommes, par suite des séditions qui éclatèrent vers la fin du XVIe siècle; le placard d'Albert et d'Isabelle d'Autriche, relatif au festin de noces et au repas des funéraïlles ; les édits de Charles-Quint sur l'administration de la justice, sur la religion réformée, les coutumes, monnaies, etc.; sur la noblesse, les abbayes et autres communautés religieuses ; une ordonnance de Marguerite, duchesse de Parme, régente et gouvernante des Pays-Bas, portant que les possesseurs des fiefs de l'Artois seront tenus, par serment, de servir le roi d'Espagne ; une déclaration de Louis XIV au sujet des nouveaux convertis, relaps et fugitifs.

L'Archiviste a classé aussi des documents précieux pour les particuliers, et consistant en actes de vente en vertu de jugements du Conseil supérieur d'Artois, et en procès-verbaux d'arpentage, bornage, dressés d'après les décisions du même tribunal et accompagnés de plans. Il a aussi analysé les registres et papiers provenant de la gouvernante d'Arras et des bailliages de la province.

Puy-de-Dôme. — *Rapport de la Commission.* Il a été porté, par le Préfet, sur le budget, une augmentation de 200 fr. pour mettre le traitement de l'Archiviste au niveau de celui des chefs de bureau de la préfecture.

Cette augmentation de 200 fr. est une preuve de bienveillance qui témoigne hautement de toute l'importance que donne M. le Préfet aux travaux nombreux qui sont exécutés, avec tant de soins et d'intelligence, par M. Cohendy. La commission propose à l'unanimité l'allocation de ce crédit.

« Il n'est personne, qui, en voyant l'ordre avec lequel sont exécutés les classements, la persévérance avec laquelle sont faites les recherches, ne comprenne la haute importance qu'a déjà acquise le précieux dépôt que renferme la préfecture, et qui ne puisse dire, qu'avant peu d'années il sera cité comme l'un des plus beaux de France et des mieux appropriés à sa destination. »

Basses-Pyrénées. — *Rapport du Préfet.* Les Archives de la préfecture ont été visitées récemment par l'un des Inspecteurs généraux du service. Je suis heureux de vous dire que le résultat de l'inspection a été entièrement favorable à l'Archiviste, et que les éloges dont il a été l'objet confirment notre confiance dans son zèle et dans son mérite. Les classements entrepris depuis deux ans se continuent avec activité; les catalogues envoyés au ministère ont été approuvés.

L'installation matérielle n'a pas paru satisfaisante à M. l'Inspecteur général. Je cite ses expressions : « Le dépôt pèche par le côté « matériel ; une partie notable des Archives anciennes sont sans « abri : il faut avoir des cartons et des portefeuilles (1). » — Vous le voyez, Messieurs, il est indispensable de continuer le crédit de 500 fr., voté l'an dernier pour achat de cartons et établissement de tablettes.

L'importante collection des États de Béarn (130 vol. in-4°) a été reliée cette année, ainsi que les cadastres anciens (30 vol. in-fol.); malheureusement les registres des États de la Basse-Navarre et nombre de recueils d'actes anciens sont encore en si mauvais état qu'on ne peut guère les consulter. Il est urgent d'obvier à cet inconvénient; dans ce but, je vous propose de maintenir le crédit ordinaire de 100 fr. pour reliure de manuscrits.

Rapport de la Commission. — La Commission, s'associant aux vœux de M. le Préfet, propose au conseil d'allouer les deux crédits de 500 fr. et de 100 fr.

Ces crédits sont votés.

PYRÉNÉES (HAUTES). — *Rapport du Préfet.* La tenue des Archives est satisfaisante. Bien que l'Archiviste ait à travailler aux inventaires des communes et des hospices, bien que le récent déplacement des bureaux de la préfecture ait ajouté à son travail ordinaire, le service des recherches n'a pas souffert, et des progrès sensibles se sont accomplis dans le dépouillement des pièces et la rédaction des inventaires. M. Magenties a été secondé par l'Aide-Archiviste; sa coopération lui a été utile, et il est indispensable qu'elle lui soit continuée.

L'Archiviste signale dans son rapport l'insuffisance croissante du local affecté aux Archives. Le projet de construction d'un nouveau bâtiment pour les bureaux permettra de donner satisfaction à ce

(1) Voyez la planche I donnant le spécimen de ceux qui sont recommandés par l'administration.

besoin. Le deuxième étage du bâtiment qui va être construit sera approprié de manière à servir de succursale du dépôt principal.

Pyrénées-Orientales. — *Rapport du Préfet.* L'inventaire et le classement des Archives antérieures à 1790 sont l'objet d'un travail persévérant. Elles sont divisées en diverses séries. La première contient des chartes, des ordonnances ou provisions, des titres de concession et d'inféodation en faveur des communes ou des particuliers, émanés de l'autorité royale, écrits en latin ou en langue catalane, et provenant presque tous des rois de Majorque et d'Aragon, anciens souverains de ce pays.

Une seconde série comprend les Archives de l'ancienne intendance de Roussillon. Les inventaires de ces deux séries, qui sont volumineuses, ont été déjà faits, et ils ont reçu l'approbation ministérielle.

Tout en s'occupant des anciens documents, M. l'Archiviste ne perd pas de vue ceux qui sont postérieurs à 1790, et qui composent les Archives Départementales proprement dites; ce travail marche de front avec celui du classement des documents anciens, et les inventaires sont tenus à jour.

Rhône. — *Rapport du Préfet.* La situation des Archives est très-satisfaisante. L'inventaire de la série B, qui ne comptait, avant les réintégrations qui ont été opérées, que 33 articles, en comptera environ 400 (15 ou 16,000 pièces). L'inventaire de la série C, qui a aujourd'hui 486 articles, en aura 750.

L'Archiviste ayant remarqué que les sceaux des xiiie et xive siècles étaient tous plus ou moins détériorés, et un plus grand nombre détruits par suite de diverses causes, a eu la pensée de reproduire ceux qui nous restent, soit par la galvano-plastie, soit par d'autres procédés. J'ai approuvé cette œuvre utile. Le classement méthodique a été entretenu avec soin, et il permet aujourd'hui de faire facilement les recherches.

Les versements annuels de papiers, faits par la préfecture ou par d'autres administrations, se sont opérés d'après les formes prescrites par l'article 25 du Règlement général. Ces versements sont considérables, quoique moindres que l'année dernière. Le rapport de l'Archiviste en donne le détail.

Je demande un crédit de 500 fr. pour achats de cartons, de livres spéciaux et réparations à des registres et à des manuscrits.

Bas-Rhin. — *Rapport du Préfet.* Le rapport annuel de l'Archiviste annonce que la rédaction de l'inventaire est terminée. Après avoir indiqué les fonds sur lesquels s'est concentré son travail depuis la session de 1859, M. Spach ajoute : « Il se peut que le département recèle encore dans des mains tierces quelques documents « ayant appartenu aux collections ecclésiastiques ou civiles antérieures à 1790, mais je puis donner l'assurance que, dans le bâtiment même des Archives, le dernier recoin a été fouillé et « vidé. »

Après avoir ainsi rendu compte de la clôture d'une période fort importante dans l'organisation des Archives Départementales, l'infatigable chef de ce service ajoute immédiatement que le travail des tables alphabétiques est déjà vigoureusement entamé, et, en partie, approuvé par le ministre.

Ce n'est pas à vous, Messieurs, que viendra la pensée exprimée par M. Spach : « que son œuvre de vingt années pourra paraître, à « certains yeux, bien aride et médiocrement utile. » Votre approbation ne lui faillira pas dans ce moment important de la vie d'un Archiviste.

Rapport de la Commission. — En consacrant vingt années à l'exécution de ce gigantesque travail, M. Spach a rendu un service immense à l'histoire de notre province. Son nom figure au premier rang parmi ceux de nos compatriotes qui ont voué leur existence à l'étude et à la conservation des faits des siècles passés. Aussi la troisième Commission du Conseil général n'hésite-t-elle pas à proposer de donner à M. Spach un témoignage solennel de haute et sympathique satisfaction.

Délibération du Conseil. — Le Conseil s'associant à ces sentiments, prie le Préfet de témoigner à M. Spach toute la satisfaction que lui causent les résultats d'aussi constants et laborieux efforts. Il décide que, comme témoignage spécial de cette satisfaction, il sera décerné à M. Spach une médaille commémorative de l'achèvement de son inventaire sommaire, et vote à cet effet un crédit de 500 fr.

HAUT-RHIN. — *Rapport du Préfet.* J'ai l'honneur de mettre sous vos yeux le rapport annuel qui m'a été remis, sur la situation du travail dans les Archives de la préfecture. En examinant ce rapport, vous remarquerez que le classement a fait peu de progrès depuis l'année dernière ; mais vous pourrez vous convaincre, par les explications que donne M. l'Archiviste, qu'il s'est appliqué, comme précédemment, à reconnaître, d'une manière superficielle au moins, le placement de toutes les collections que renferme le dépôt, afin d'en apprécier l'importance et de faciliter les recherches.

Cependant, il a inventorié environ 6,000 pièces qui se rattachent au fonds de l'ancienne intendance et qui proviennent d'une cession des Archives du département du Bas-Rhin. De plus, on a continué le classement des pièces de la régence d'Ensisheim, qui se rapportent à l'histoire militaire de l'Alsace, à l'époque de la conquête.

Il est à remarquer, d'un autre côté, que le nombre des recherches demandées aux Archives s'est accru dans une proportion considérable.

Je n'ai pas besoin d'appeller de nouveau l'attention du Conseil général sur les observations que renferme encore le rapport de M. l'Archiviste, au sujet de l'insuffisance et de l'humidité du local; il ne pourra être remédié à ces inconvénients, déjà souvent signalés et qui vous sont parfaitement connus, qu'à la suite de la construction du nouvel hôtel de préfecture dont le projet est soumis en ce moment au Conseil.

Toutefois, on pourra réaliser, dès à présent, une amélioration suggérée par l'Inspecteur général des Archives, et qui, tout en assurant mieux la conservation des documents les plus précieux, aura l'avantage de faciliter le transport des Archives lors du déménagement dans un autre local. Il s'agit de les renfermer dans une espèce de portefeuille, étiqueté au dos en forme de livre, dont le maniement sera plus commode que celui des cartons. Votre Commission des Archives trouvera un *spécimen* de ces portefeuilles, au vu duquel elle pourra apprécier la convenance de ce mode de classement, qui, du reste, vient de m'être recommandé également par Son Excellence M. le Ministre de l'Intérieur (1).

Si vous l'approuvez, Messieurs, je ferai confectionner successivement le nombre de portefeuilles qui sera jugé nécessaire, en utilisant ainsi le crédit que le Conseil général affecte chaque année au matériel des Archives.

SAÔNE (HAUTE-). — *Rapport de la Commission.* La Commission du Conseil général a visité les nouvelles salles dans lesquelles ont été placées les Archives ; partout elle a remarqué le plus grand ordre et les dispositions les plus convenables : elle se plaît à témoigner sa satisfaction à l'Archiviste.

SARTHE. — *Rapport du Préfet.* Le rapport annuel de M. l'Archiviste de la préfecture relate les travaux entrepris pour les documents antérieurs à 1790. Trois nouveaux cahiers in-fol. d'inventaire sommaire de la *série* G (clergé séculier) ont été adressés au Ministre de l'Intérieur et approuvés. Divers autres travaux des plus intéressants ont été poursuivis avec soin, parmi lesquels se remarque la réunion de renseignements sur le personnel et le temporel de l'ancien diocèse du Mans, extraits des registres qui composent la volumineuse collection des *Insinuations ecclésiastiques.*

Deux nouveaux forts *registres in-fol.* ont été formés de feuillets déclassés de différents cahiers manuscrits relatifs aux *fiefs du Mans, dépendances du marquisat de Lavardin,* continuation du *livre terrier* dudit marquisat, qui complètent la collection des titres féodaux de la famille de *Tessé,* et mettent aussi en lumière les noms d'un certain nombre de familles originaires de l'ancienne province du Maine.

Rapport de la Commission. — M. le Préfet nous a communiqué le rapport annuel de M. l'Archiviste de la préfecture. Ce rapport, complet et intéressant, a excité l'attention de votre Commission et elle

(1) Voyez la planche n° I.

s'empresse de s'associer à M. le Préfet pour féliciter M. l'Archiviste du zèle et des soins qu'il apporte dans l'exercice de ses fonctions. Ces résultats sont satisfaisants.

Savoie. — *Rapport du Préfet.* Des quantités assez considérables de papiers historiques fort curieux, des XVe et XVIe siècles, comprenant surtout des comptes de recettes et de dépenses de la maison de Savoie, dont l'Archiviste opère en ce moment le dépouillement, dépouillement fort laborieux à cause du fâcheux état des pièces, viennent d'être découvertes sous le plancher d'un appartement, par les ouvriers qui transforment le vieux château. Ces documents, les seuls de même nature que nous possédions, sont d'autant plus intéressants qu'ils sont presque tous antérieurs à l'époque où les ducs de Savoie transportèrent à Turin, avec le siége de leur gouvernement, une partie de leurs anciennes Archives, et, dans tous les cas, toutes celles de l'administration générale à partir de ce moment. Tout porte à penser que le local où les précieux débris dont je viens de parler ont été retrouvés, leur avait primitivement servi de dépôt. Depuis lors, les princes de Savoie, par des réintégrations successives dans les diverses Archives de Turin, n'ont cessé, jusqu'à la présente année 1860, de porter atteinte à la richesse et à la valeur des collections de titres du château de Chambéry. On a enlevé notamment les comptes des châtelains, les sommiers des fiefs et autres titres historiques, féodaux ou ecclésiastiques.

Malgré ces enlèvements de pièces, ces Archives sont riches encore. Elles possèdent, pour l'époque antérieure à 1792, le cadastre de tout le duché et des titres historiques, féodaux et religieux, que le gouvernement sarde n'avait pas encore pris.

Les Archives de la période française, de 1792 à 1815, déposées dans une belle salle voûtée de la Tour, ont été l'objet des soins particuliers de M. Buffet, qui avait été chargé, en 1846, du classement des Archives de l'intendance de Chambéry. Il a introduit, dans cette section, un ordre suffisant. L'inventaire qu'il en a dressé, accompagné d'un répertoire alphabétique, donne pour les recherches toutes les facilités utiles. M. Buffet est encore attaché au bureau de l'Archiviste. Il avait travaillé déjà beaucoup pour débrouiller les Archives de l'intendance, qui lui avaient été livrées pêle-mêle, et avait commencé à les installer dans une salle de la Tour, en les classant d'après les instructions sardes du 4 décembre 1836.

Rapport de la Commission. — Le Conseil général donne acte à l'Archiviste des communications ci-dessus. Il émet le vœu que le gouvernement français fasse des démarches auprès du gouvernement sarde, pour qu'il soit restitué aux Archives de Chambéry des documents très-précieux qui se rattachent à l'histoire de la Savoie, et qui devraient faire partie intégrante de ses Archives.

Un membre présente diverses observations au sujet de la situation actuelle des actes notariés, répertoires et minutes des notaires, qui étaient déposés, sous l'administration sarde, dans les bureaux de l'Insinuation.

SEINE-INFÉRIEURE. — *Rapport du Préfet.* Les travaux des Archives peuvent se grouper sous trois chefs principaux, savoir : les documents antérieurs à 1790, et dont l'intérêt est plus particulièrement historique ; en second lieu, les Archives dites administratives, comprenant les pièces postérieures à 1790 ; enfin l'inspection, le classement et l'inventaire des Archives communales prescrits par les instructions ministérielles.

Conformément à la circulaire de 1841, les Archives antérieures à 1790 sont divisées en neuf séries de A à Z. Le travail qui les concerne a été poussé jusqu'à la lettre E, une des plus importantes, puisqu'elle comprend les titres féodaux et de famille, les actes des notaires et tabellionages, ceux des communes et municipalités, des corporations et confréries laïques. Plus de la moitié de cette série se compose des Archives des émigrés. L'examen de ces liasses, venues jusqu'ici sans autre indication que le nom de l'émigré sur une étiquette, a bientôt convaincu M. l'Archiviste qu'une révision complète était indispensable pour arriver à un classement et à un inventaire qui rendissent praticables d'utiles recherches. Les titres de soixante-sept fonds, formant un total de cinq cent quarante-trois familles, c'est-à-dire la plus grande partie de ces fonds jusqu'ici inexplorés, ont déjà été soumis à ce travail.

Les Archives se sont enrichies de quelques chartes du XIIIe siècle données par M. le docteur Caneaux, de documents historiques offerts par M. le marquis de Bloneville, et d'une copie d'un état des fiefs de Caux, au XVIe siècle, prise sur l'exemplaire manuscrit que possède M. Henry Barbet, et qu'il a eu l'obligeance de communiquer à M. l'Archiviste.

SEINE-ET-MARNE. — *Rapport du Préfet.* Mes propositions pour le service des Archives reproduisent, pour 1861, les mêmes crédits que ceux alloués pour 1860. Ils représentent des traitements ou des dépenses dont la quotité est pour ainsi dire annuelle. Cependant, il y aurait lieu d'augmenter la somme destinée à pourvoir au dépouillement extraordinaire, si vous partagiez mon opinion sur ce qu'il convient de faire à l'égard des Archives des sous-préfectures.

SEINE-ET-OISE. (Voir les précédentes délibérations, *Manuel*, p. 344). *Rapport du Préfet.* Vous vous rappelez sans doute que, l'année dernière, la salle des Archives modernes était encombrée par une quantité considérable de cartes et de liasses, qu'il paraissait difficile de rétablir sur les rayons. Toutes les travées étaient remplies et les recherches paraissaient très-difficiles. Cette situation ne pouvait se prolonger plus longtemps.

Le nouvel Archiviste, M. Sainte-Marie Mévil, a fait tous ses efforts pour améliorer la situation matérielle du dépôt qui lui a été confié. A peine installé, il a commencé, avec deux employés seulement, le rangement complet de la salle du premier étage, qui renferme les collections modernes. En deux mois, le désordre a disparu, et 1,149 registres, 4,470 cartons et 2,243 liasses ont été remis en ordre et classés suivant leurs lettres de série. Une des modifications sur laquelle j'appelle votre attention a été le rétablissement de la série L. Enfin, un grand nombre de papiers oubliés dans un coin des Archives ont pu trouver leur place dans la classification générale.

Les travaux ainsi commencés suivront leur cours régulier, et j'espère, dès l'année prochaine, pouvoir signaler des résultats importants. Les inventaires des différentes séries modernes seront bientôt entrepris, en même temps que les analyses sur cartes des arrêtés de mes prédécesseurs.

La partie ancienne de nos Archives a été également mise en ordre et en quelque sorte créée de nouveau. L'an dernier, sur ma demande, Son Excellence avait prescrit un récolement général de nos collections. Ce long travail a produit des résultats inattendus. Près de 3,000 documents anciens ont été retrouvés mêlés à des pièces modernes, et 428 fonds nouveaux ont été formés, en même temps que 135 fonds déjà existants étaient augmentés. Son Excellence m'a autorisé à faire recommencer à nouveau l'inventaire sommaire des Archives antérieures à 1790. Ce travail, qui était peu avancé, sera repris à la fin de cette année.

Je m'estime heureux de vous annoncer que nos Archives historiques se sont enrichies, depuis l'année dernière, d'une suite importante de documents et pour l'histoire des personnes, et pour l'histoire des terres et des corporations.

Sèvres (Deux-). — *Rapport du Préfet.* Dès l'année dernière, toutes les Archives anciennes ont été classées et on y peut désormais puiser les renseignements de toutes sortes qui y sont réunis. L'Archiviste s'est occupé, cette année, du classement des papiers postérieurs à l'an VIII. C'est un travail fort considérable, très-utile, qui permettra des recherches qui étaient impossibles dans l'état où se trouvent les dossiers enliassés.

Lorsque le choix de ces papiers sera fait, on vendra ceux qui sont inutiles, et je désire que la masse de ces derniers soit telle, que la vente puisse nous dispenser de dépenses extraordinaires d'appropriation, qui deviendraient, sans cela, indispensables. A part les vieux régistres et documents transportés au Donjon, les Archives de la préfecture occupent tous les greniers de l'hôtel, dont ils chargent outre mesure les plafonds du premier étage.

Somme. — *Rapport du Préfet.* Les documents provenant de l'Intendance de Picardie étaient confondus avec ceux des subdélégations et de l'assemblée provinciale ; un assez grand nombre de pièces avaient été tirées de ces fonds et se trouvaient dans les dossiers postérieurs à 1790. Après avoir recueilli tout ce que le département possède de cette précieuse collection, l'Archiviste en a fait le classement méthodique.

Au moment de la suppression des intendances, il avait été dressé un *inventaire ou état sommaire des titres et papiers remis par M. d'Agay, intendant de Picardie, à MM. les commissaires du département de la Somme*, mais il est rédigé avec précipitation, sans ordre, sans indication du nombre de pièces, souvent en termes très-vagues. M. Quinette, premier préfet de la Somme, avait espéré que l'on pourrait se servir de cet état sommaire pour remettre en ordre les Archives de l'Intendance. Les difficultés que rencontra l'exécution de ce projet le firent abandonner.

Les nombreux documents relatifs au personnel administratif étaient tellement disséminés, qu'il était quelquefois impossible de trouver ceux que l'on voulait consulter. Ils sont maintenant réunis et classés. L'Archiviste a suivi, pour les dossiers des maires et adjoints, l'ordre adopté par lui pour la série O : les dossiers des maires et adjoints d'une même commune forment une liasse ; les liasses sont rangées par arrondissement suivant l'ordre alphabétique des communes.

Rapport de la Commission. — La Commission chargée d'inspecter les Archives, a trouvé la situation générale satisfaisante : les Archives sont bien tenues. Elle ne doute pas qu'à la session de 1861, l'inventaire *n'ait fait de notables progrès.*

TARN. — *Rapport du Préfet.* Je propose, en faveur de l'Archiviste, un traitement plus en rapport avec ses fonctions. Les instructions ministérielles recommandent d'assimiler, pour le traitement, les Archivistes aux chefs de division. On ne peut s'écarter de cette règle pour un employé aussi méritant que M. Jolibois. Autant le service avait laissé autrefois à désirer, autant il est satisfaisant aujourd'hui. Ordre dans le classement, intelligence et activité dans le travail, convenance dans les communications, tout se trouve dans la nouvelle direction qui a été donnée au service des Archives, et le Conseil s'applaudira d'y avoir contribué par ses votes.

Rapport de la Commission. La Commission, après avoir vu le curieux rapport de l'Archiviste, constate l'heureuse et véritable révolution qui s'est opérée dans ce service. Les papiers anciens ont été séparés des modernes, les papiers inutiles ont été triés, les classements faits avec entente. L'inventaire est en voie d'exécution. Ces heureux résultats sont dus au zèle, à l'intelligence et aux soins de l'Archiviste. La Commission s'associe aux éloges que le Préfet lui a décernés, comme aussi aux témoignages de satisfaction qui ont été accordés à l'Archiviste.

VAR. (Voyez les précédentes délibérations, *Manuel*, p. 340.) — *Rapport du Préfet.* La situation des Archives est parfaite, et le zèle de l'Archiviste incessant. Le dépouillement des documents apportés de Grasse est aujourd'hui terminé, et, si ces nombreux dossiers sont destinés à quitter notre dépôt, la Commission serait du moins heureuse que les Archives de Lérins pussent être conservées, car parmi ces documents se trouvent les titres historiques les plus précieux, entre autres le Cartulaire de cette célèbre abbaye, qui est un monument paléographique de la plus haute importance.

Les Archives administratives sont dans le plus grand ordre. Cependant l'Archiviste a dû surseoir au classement définitif des papiers concernant l'arrondissement de Grasse, pour ne pas s'exposer à opérer un remaniement général.

VAUCLUSE. (Voyez les précédentes délibérations du Conseil, *Manuel*, p. 341). — *Rapport du Préfet.* Les accroissements que les collections n'ont pas cessé de recevoir depuis quelques années, les progrès des inventaires, l'importance de plus en plus grande des recherches qui s'opèrent et des expéditions délivrées, me semblent constituer un ensemble de faits satisfaisant. Les affaires qui ont mis plusieurs d'entre vous dans le cas de recourir à ce dépôt, ont dû les mettre à même de vous édifier sur la manière dont il fonctionne.

Rapport de la Commission. Les différentes parties du dépôt départemental ont été visitées, elles ont été trouvées très-bien tenues sous le rapport de l'ordre et de la propreté, et aussi bien distribuées que peuvent le permettre les locaux provisoires que le département a pris en location.

Tous les documents provenus des versements si considérables provoqués récemment par l'inspection des Archives confiée à l'Archiviste du département, pourront, grâce aux intelligentes dispositions qu'il a prises, être placées sans qu'il en résulte le moindre encombrement.

Le Conseil général exprime sa satisfaction sur l'état de choses qui lui est signalé.

VIENNE. — *Rapport du Préfet.* Des instructions pressantes du Ministre de l'Intérieur recommandent le classement des Archives des sous-préfectures et des communes. C'est un travail utile, urgent, très-délicat, qui demande des soins et des connaissances variées. Dès le principe, on avait pensé que l'Archiviste du département pouvait se charger de ce classement; mais ses occupations ne le lui permettent pas. L'inspection sommaire qu'il a faite dans les sous-préfectures a démontré qu'un classement des nombreux documents administratifs qui y sont déposés était indispensable, dans l'intérêt de l'administration et des particuliers. Je me suis préoccupé des moyens d'obtenir ce classement. Je me suis entendu avec les sous-préfets dont les auxiliaires se chargeront, moyennant rétribution, de ce travail extraordinaire. 600 francs sont inscrits au budget pour cette dépense.

Rapport de la Commission. Les Archives de la préfecture sont admirablement classées, mais il n'en est pas de même de celles des sous-préfectures. Les liasses et les papiers entassés dans les greniers rendent toute recherche impraticable. L'Archiviste a constaté la nécessité de leur classement. Les 600 francs inscrits au budget pour cet objet seront insuffisants, et le complément devra être porté au budget de 1862.

VIENNE (HAUTE-) —*Rapport du Préfet.* L'Archiviste s'occupe toujours avec activité du classement des nombreux documents que renferme le riche dépôt confié à ses soins.

C'est un travail considérable et qui demandera encore un certain temps pour être achevé dans de bonnes conditions.

Rapport de la Commission. La Commission du Conseil, prenant en considération le travail consciencieux et tout à fait exceptionnel de l'Archiviste, et voulant récompenser son zèle par une mesure toute personnelle, propose d'élever son traitement de 2,000 fr. à 2,400 fr. Cette proposition est adoptée.

VOSGES. — *Rapport du Préfet.* Je dépose le rapport de l'Archiviste qui rend compte de ses travaux depuis la dernière session. Ce rapport témoigne en faveur du zèle et du dévouement de M. Guerry. Je dépose aussi un exemplaire du Recueil des actes administratifs où se trouve l'arrêté qui confie aux inspecteurs des écoles primaires l'inspection des Archives communales et hospitalières. Cette mesure a produit de bons résultats. Il est alloué pour cet objet aux inspecteurs primaires 400 fr. Pour se conformer aux intentions du Ministre de l'Intérieur, je fais aussi figurer dans le projet de budget le traitement annuel de M. Guerry pour une somme de 2,000 fr., soit une augmentation de 200 fr. Une somme de 200 fr. est destinée à l'achat de cartons et autres objets nécessaires au service des Archives. Je prie le Conseil de donner son avis sur le projet de vente de vieux papiers, dont l'inventaire est déposé sur le bureau.

Un membre ayant fait observer qu'il serait à désirer qu'il y eût des emplacements plus convenables pour les Archives communales, le Préfet répond que cela dépend du manque de fonds ; que l'inspection aura pour effet de faire connaître à l'administration supérieure les mauvaises conditions d'emplacement, et qu'alors le Préfet insistera auprès des communes pour que des locaux convenables soient assurés.

YONNE. — *Rapport du Préfet.* Le classement et l'inventaire se poursuivent activement. Ce travail, momentanément entravé par les réparations faites dans le bâtiment, a été repris, et l'inventaire de 276 fonds de la série E est terminé (Familles nobles.) M. Quantin a continué l'inventaire de la série E (Communes et Tabellionages) dont 36 fonds ont été analysés. Ces documents présentent un grand intérêt pour l'histoire du Tiers-Etat ; il y a un grand nombre de chartes d'affranchissement des XIIIe et XIVe siècles.

Les Archives historiques se sont enrichies de pièces précieuses, savoir :

1° 24 pièces concernant l'abbaye de Pontigny, du commencement du XIIe siècle, copies de bulles et chartes diverses;

2° Un recueil de lettres patentes pour l'érection de la terre de Neuvy en baronnie (1556) ;

3° 89 copies de chartes des rois de France, comtes de Champagne et de Joigny, relatives à l'abbaye de Dilo, du XIIe au XIIIe siècle;

4° 14 pièces relatives au chapitre de Briénon, du XIVe siècle;

5° Des chartes d'affranchissement du XIIIe siècle, et d'autres relatives à la guerre des Anglais au XIVe siècle et à la fortification de l'église de Chitry.

M. Quantin a classé aussi les nombreuses pièces versées par les bureaux, et qui comprennent les comptes des communes de 1854 à 1857, des dossiers du service vicinal, le personnel municipal de 1850 à 1856.

Grâce au zèle et à l'intelligence de ce fonctionnaire, les Archives prennent de jour en jour plus d'importance. L'ordre, la méthode, la clarté des classifications, la facilité des recherches, ne laissent rien à désirer. M. Quantin acquiert donc chaque année davantage des droits aux éloges et à la bienveillance qui lui ont été accordés jusqu'ici par le Conseil.

Rapport de la commission. Le Conseil déclare témoigner toute sa satisfaction à M. Quantin.

3° DÉPARTEMENTS COMPRIS DANS L'INSPECTION GÉNÉRALE DE 1861.

(Préfectures et sous-préfectures, mairies et hospices des chefs-lieux de départements et d'arrondissements.)

M. DE STADLER. — Aube, Yonne, Côte-d'Or, Sarthe, Seine-Inférieure, Bas-Rhin, Moselle, Meurthe.

M. WEY. — Isère, Rhône, Saône-et-Loire, Cher, Allier, Cantal, Lozère, Indre-et-Loire.

M. DE ROZIÈRE. — Vaucluse, Bouches-du-Rhône, Var, Pyrénées-Orientales, Hérault, Gard, Loiret, Loir-et-Cher.

4° DÉCRETS. — DÉCISIONS ADMINISTRATIVES. — CIRCULAIRES.

Décret

DE DÉCENTRALISATION ADMINISTRATIVE DU 13 AVRIL 1861.

(Voyez celui du 26 mars 1852, *Manuel de l'Archiviste*, p. 108.)

Article 5. Les Préfets nommeront directement, sans l'intervention du Gouvernement et sur la présentation des divers chefs de service, aux fonctions et emplois suivants :

3° Les Archivistes départementaux.

L'exécution de ce décret se trouve réglée par la circulaire du 15 avril 1852, qui porte :

« Toutefois, M. le Préfet, vous ne pouvez appeler à ces fonctions qu'un ancien élève de l'école des Chartes, muni du diplôme d'Archiviste paléographe, ou, A DÉFAUT, un candidat ayant subi, avec succès, un examen spécial devant la commission centrale des Archives, à Paris. » (Voyez *Manuel*, p. 109.)

La présentation du chef de service ne pourrait être que le secrétaire général de la préfecture, qui a la surveillance des Archives. L'Archiviste étant lui-même chef de service.

Décision

DU MINISTRE DE L'INTÉRIEUR, DU MÊME JOUR, QUI SUPPRIME, A L'AVENIR, L'ENVOI AU MINISTÈRE DE L'INTÉRIEUR DES PIÈCES CI-APRÈS.

11° Inventaires des Archives modernes (de 1790 à 1860) des communes et des hospices (voy. une circulaire du 1er mai à ce sujet, Archives Communales ci-après.)

12° Rapports périodiques sur les Archives communales.

13° Rapports périodiques sur les Archives des hospices.

L'administration centrale n'ayant pas renoncé à recevoir les inventaires des documents antérieurs à 1790 appartenant aux communes, il est nécessaire que les Préfets fassent connaître, dans leurs rapports annuels sur les Archives du département, ceux de ces inventaires des communes et des hospices qui ont été transmis à la préfecture, examinés par l'Archiviste et qui seront ultérieurement soumis à l'approbation du Ministre.

Sur la demande de M. le Ministre de l'intérieur, Son Exc. M. le garde des sceaux a décidé que les papiers antérieurs à 1790, déposés dans les greffes des cours impériales et tribunaux, seraient revisés par l'Archiviste départemental, de concert avec les greffiers, afin d'en retirer toutes les pièces qui n'auraient pas un caractère purement judiciaire. Cette utile mesure, qui a fait retrouver déjà un certain nombre de documents administatifs très-importants, s'exécutera successivement dans tous les greffes.

Son Exc. M. le Ministre de l'intérieur a également obtenu de M. son collègue des finances, que les directeurs des domaines rendraient aux Archives Départementales tous les documents antérieurs à 1790 qui avaient été autrefois remis aux agents du domaine pour la liquidation et la vente des biens nationaux. (Voy. la circulaire, p. 94.) — Un certain nombre de chartes intéressantes et des plans terriers ont été remis à MM. les préfets de l'Allier, de la Seine-Inférieure, de Maine-et-Loire, etc.

Cette réintégration de titres a été précédée, dans chaque préfecture, d'un travail de révision et de classement de tous les papiers modernes qui se rattachaient aussi aux domaines nationaux (Série Q), d'après des instructions contenues dans une circulaire du 18 août 1860. (Voyez ci-après, p. 91.)

Les Archives des sous-préfectures sont, en ce moment, l'objet d'une mesure générale qui consiste à faire réunir, au dépôt de la préfecture, tous les dossiers d'affaires terminées antérieurement à 1830. Ces dossiers, faute d'espace et d'un employé spécial pour les classer, étaient ordinairement conservés avec peu de soin et laissés en désordre. Ces pièces, une fois apportées à la préfecture, seront classées et triées, afin de faire vendre les papiers inutiles, dont la circulaire du 24 juin 1844 a prévu la suppression, après certains délais déterminés et diverses formalités obligatoires.

Un grand nombre de Conseils généraux ont été saisis de divers projets destinés à améliorer les locaux affectés au service des Archives Départementales, et divers plans et projets ont été demandés aux architectes des préfectures. Sous ce rapport, on ne peut trop leur recommander le plan adopté pour les Archives du département de l'Eure, qui paraît réunir toutes les conditions les plus favorables au bon ordre et au classement des Archives. Le plan ci-joint, planche n° 2, en donnera une idée exate.

PRÉCÉDENTS ADMINISTRATIFS.

(Voy. les n° 1 à 15, *Manuel de l'Archiviste*, p. 345.)

16. Les arrêtés des Préfets et du conseil de préfecture doivent être régulièrement classés et tenus à jour, d'après les prescriptions du règlement général du 6 mars 1843. Ils ne doivent, en aucun cas, rester dans les bureaux de la préfecture. (*Décis.* du 31 juillet 1850. *Yonne.*)

17. Lorsqu'une demande d'autorisation de vente de papiers est adressée au Ministre, l'Archiviste doit avoir vérifié le contenu de toutes les liasses. (*Décis.* du 1er septembre 1855. *Vosges.*)

18. Les Archives d'un établissement succursal quelconque ne doivent pas être classées dans le fond de l'établissement qui l'a institué, lorsqu'il est reconnu que la succursale avait des Archives spéciales. (*Décis.* du 2 décembre 1854. *Vosges.*)

19. L'article 3 de l'ordonnance royale du 14 septembre 1822 règle la vente aux enchères des papiers inutiles. La circulaire du 9 novembre 1855 règle l'affectation des produits. (*Décis.* du 7 décembre 1841. *Vosges.*)

20. Lorsqu'un Préfet demande l'autorisation de vendre des papiers inutiles, il doit fournir au Ministre un inventaire en trois parties séparées, comprenant : l'une les papiers à vendre au profit de l'État, l'autre ceux à vendre au profit du département, la troisième les papiers qui sont vendus au profit de l'État ou du département mais qui doivent être mis au pilon. (*Décis.* du 10 novembre 1841. *Vosges.*)

21. Les Archives des sous-préfectures ne doivent contenir aucune pièces antérieures à 1790. (*Décis.* du 11 janvier 1855. *Vienne.*)

22. Lorsque le Préfet propose une remise d'aveux et dénombrements par son département à un autre, il est bon d'indiquer si ces

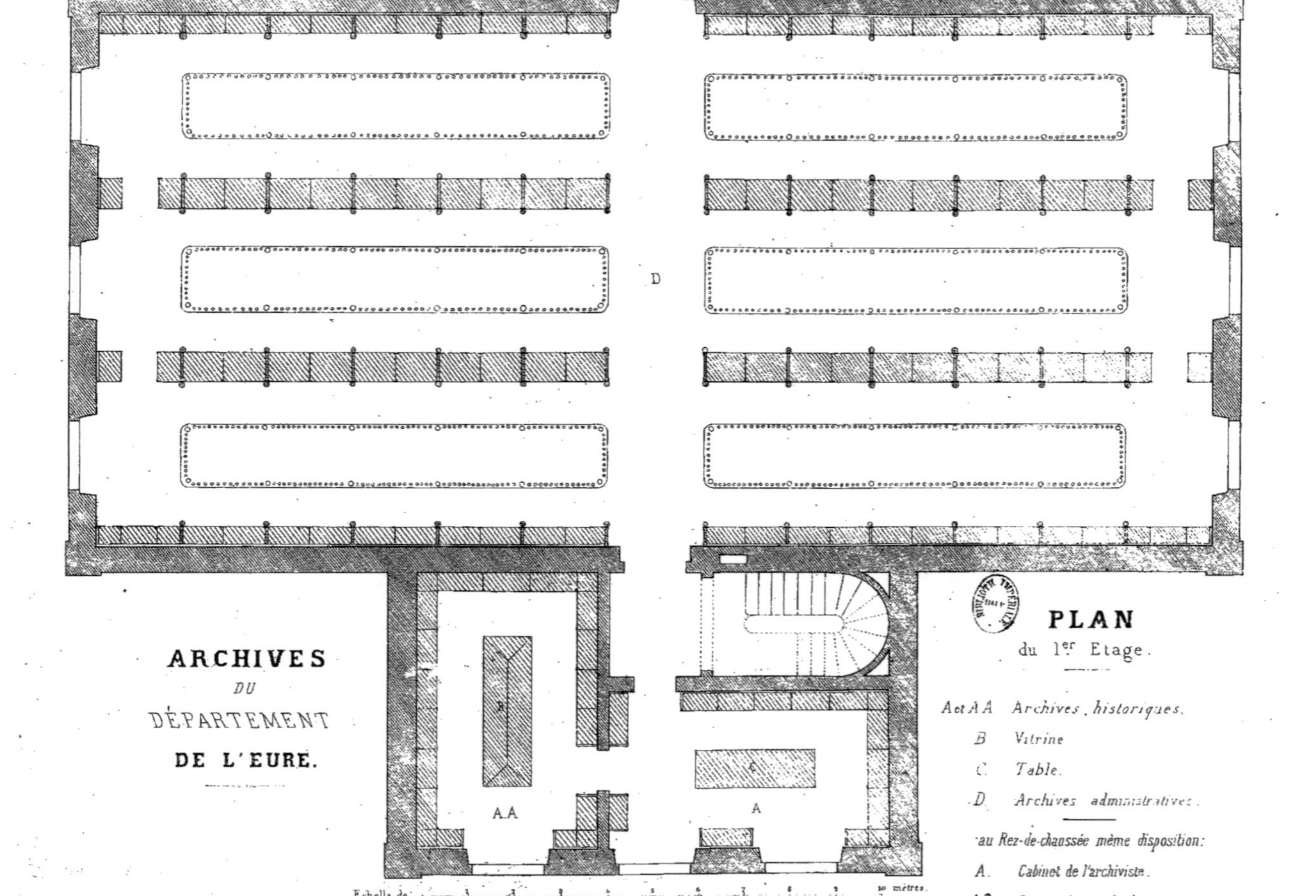

ARCHIVES
DU
DÉPARTEMENT
DE L'EURE.
PLAN
du 1er Etage.
A et A.A Archives historiques.
B Vitrine
C Table.
D Archives administratives.
au Rez-de-chaussée même disposition:
A. Cabinet de l'archiviste.
A.A. Bureau des employés.
D
A.A
A
B
C
Echelle de
10 mètres.

documents contiennent des détails qui peuvent servir actuellement à constater des droits de propriété ou d'usage. (*Décis.* du 6 juin 1855. *Vienne.*)

Circulaire

PRESCRIVANT UNE RÉVISION GÉNÉRALE DE LA SÉRIE Q, (DOMAINES NATIONAUX,) POUR EN DISTRAIRE, AUTANT QUE POSSIBLE, LES TITRES ANTÉRIEURS A 1790.

Paris, le 18 août 1860.

Monsieur le Préfet, MM. les inspecteurs généraux du service des Archives ont eu occasion de remarquer, dans la plupart des dépôts des préfectures, que la composition de la série Q (Domaines) ne répond pas suffisamment au principe formel de la division des Archives en deux catégories, l'une antérieure, l'autre postérieure à 1790. En effet, les titres anciens des biens provenant, soit du clergé, soit des émigrés, on été joints, lors de la formation des dossiers domaniaux, aux procès-verbaux de saisie et d'estimation desdit biens, lorsqu'ils eurent été déclarés nationaux. Il pouvait être utile et logique même, à cette époque, que des actes antérieurs à 1790 figurassent à côté de ceux par lesquels le Domaine se substituait aux propriétaires dépossédés; mais ce mode de classement, anormal en principe, doit-il être rigoureusement conservé, alors que les circonstances exceptionnelles qui le motivaient n'existent plus? Il semble, au contraire, qu'il y aurait tout avantage, aujourd'hui, au moins dans un certain nombre de cas, à reviser les divers fonds de la série Q pour en distraire les titres antérieurs à 1790, qui ne se rattachent pas étroitement, par leur nature ou par leur date, aux opérations administratives de la liquidation des biens nationaux. S'il se trouve, en effet, que cette série contienne, soit les aveux et dénombrements d'une seigneurie, soit les registres-terriers d'un établissement religieux, ne serait-il pas convenable de rattacher les documents dont il s'agit aux fonds anciens de cette seigneurie et de cet établissement, et ne comblerait-on pas ainsi d'importantes lacunes dans les séries E et H, auxquelles ces fonds appartiennent? De même encore, les actes notariés tels que contrats de mariage, testaments, etc., qui figurent comme pièces accessoires dans les dossiers des émigrés et des déportés, ne seraient-ils pas utilement réunis aux titres féodaux et aux titres de famille? J'ajoute que, à part l'opération délicate du triage, le remaniement dont j'ai l'honneur de vous entretenir offre peu de dificultés dans l'exécution : il suffira, en effet, pour régulariser le classement, de rédiger des suppléments d'inventaire pour les séries anciennes qui auront reçu des accroissements, et de laisser dans la série des Domaines « des notes sommaires qui tiennent lieu des pièces originales, « et qui fournissent les indications nécessaires pour en rendre la re« cherche prompte et facile. » (*Circulaire* du 24 *avril* 1841.)

Je ne doute pas que M. l'Archiviste de votre préfecture ne comprenne toute l'importance d'un travail qui a pour but principal d'arrêter définitivement le cadre des Archives antérieures à 1790, et d'éviter tout remaniement ultérieur dans le classement et dans l'inventaire sommaire de ces Archives. Je désire donc que cet employé vous adresse, le plus tôt possible, un rapport spécial et circonstancié sur la composition de la série Q dans le dépôt de votre préfecture, et sur les retranchements qu'il y aurait lieu d'y opérer, en conséquence des observations qui précèdent. Je vous serai obligé de me transmettre ce rapport avec votre avis.

Recevez, Monsieur le Préfet, etc.

Pour le Ministre et par autorisation :

Le Conseiller d'État secrétaire général,

J. Cornuau.

Circulaire.

DEMANDE DE RENSEIGNEMENTS RELATIFS AU PROJET DE RÉUNIR AUX ARCHIVES DE LA PRÉFECTURE LES DOCUMENTS ADMINISTRATIFS ANTÉRIEURS A 1830 CONSERVÉS AUX SOUS-PRÉFECTURES.

Paris, le 2 janvier 1861.

Monsieur le Préfet, une circulaire de l'un de mes prédécesseurs, en date du 13 septembre 1852 (Voy. *Manuel*, p. 48), a déjà appelé votre attention sur l'état de désordre dans lequel se trouvent les Archives des sous-préfectures, par suite de l'insuffisance des locaux destinés à les recevoir et de l'impossibilité d'en confier le classement à un employé spécial. MM. les inspecteurs généraux ont constaté également que, depuis l'année 1852, ce regrettable état de choses ne s'est pas amélioré, bien que toutes les prescriptions de la circulaire du 24 avril 1841 (seconde partie du cadre, voy. *Manuel*, p. 60), fussent spécialement applicables aux Archives des sous-préfectures.

Justement préoccupé de la nécessité d'assurer la régulière conservation de ces documents administratifs, si indispensables à la bonne et prompte expédition des affaires, je tiens à ne pas ajourner davantage les mesures à prendre afin d'atteindre ce résultat.

Je vous prie d'examiner immédiatement s'il ne serait pas utile de réunir tous ces papiers aux Archives de votre préfecture; mais avant d'ordonner cette opération, je voudrais savoir :

1° Si le local destiné aux Archives modernes permet d'y classer les versements qui vous seront faits par MM. les sous-préfets, en tenant compte des suppressions qu'autorise la circulaire du 24 juin 1844;

2° Si on pourrait adopter, comme date extrême des papiers d'affaires terminées à verser à la préfecture, les pièces antérieures à l'année 1830;

3° Enfin quelle dépense cette opération nécessiterait.

Je désire, Monsieur le Préfet, recevoir le plus promptement possible ces renseignements, qui me sont nécessaires pour prendre une décision à ce sujet.

Recevez, Monsieur le Préfet, l'assurance, etc.

Pour le Ministre de l'intérieur :

Le Conseiller d'État directeur général,

THUILLIER.

Circulaire

DE SON EXCELLENCE M. LE MINISTRE DES FINANCES RELATIVE AUX DOCUMENTS ANTÉRIEURS A 1790 CONSERVÉS DANS LES DIRECTIONS DES DOMAINES.

Paris, le 21 mars 1861.

Monsieur le Directeur, une loi du 28 octobre-5 novembre 1790 a ordonné le dépôt, aux Archives des départements ou districts, des registres, papiers et tous autres titres provenant des maisons ou communautés religieuses supprimées, dont les biens, déclarés nationaux, devaient être régis par les administrations locales. D'un autre côté, la loi du 19 août-12 septembre 1791, qui a attribué définitivement la régie des biens nationaux aux préposés des domaines (circulaire n° 157), porte, article 7, que ces préposés « pourront, « toutes les fois qu'ils le jugeront nécessaire, prendre communica- « tion sans frais et faire des extraits ou copies des titres, registres « et documents déposés aux Archives des départements ou districts, « *et même se faire remettre*, sous récépissé, les titres nécessaires au « recouvrement. »

Plusieurs préfets, ainsi que les inspecteurs généraux des Archives Départementales, ont remarqué que les préposés des domaines avaient, à différentes époques, retiré de ces Archives un certain nombre de documents provenant des établissements supprimés en 1790. Ils ont rendu compte de cet état de choses à M. le Ministre de l'intérieur, qui a demandé, le 8 janvier 1861, à Son Excellence le Ministre des finances « s'il verrait des inconvénients à ce que les « Archivistes départementaux procédassent, de concert avec les « directeurs des domaines, à la révision des dossiers d'affaires *con-* « *tenant des documents antérieurs à* 1790 et provenant des an- « ciennes maisons religieuses, afin de faire réintégrer aux Archives « Départementales celles de ces pièces qui seraient inutiles à l'ad- « ministration des domaines, et à la disposition de laquelle ces actes « continueraient de rester en cas de besoin. »

M. le Ministre des finances a répondu le 23 du même mois, en ces termes :

« ..... Il me semblerait utile de réunir dans les Archives Dépar-
« tementales les documents dont il s'agit. Mais, comme il se pour-
« rait que l'État eût besoin d'en produire quelques-uns pour sauve-
« garder ses droits, il me paraît indispensable que les directeurs
« des domaines restent juges de l'opportunité de la remise aux
« Archives Départementales, ou de leur conservation provisoire
« dans les Archives du domaine.

« Il me semblerait également utile que la collection de ces docu-
« ments formât, dans chaque dépôt, une section spéciale, afin d'en
« conserver le caractère et l'origine, et d'assurer la facilité et la
« célérité des recherches du service domanial. »

Par suite de l'adhésion de Son Excellence le Ministre des finances, vous aurez à rechercher dans les Archives de la direction, après vous être reporté aux sommiers des domaines et des instances, les dossiers concernant les anciennes maisons religieuses ; mais vous attendrez, pour compulser ces dossiers, les communications qui vous seront faites, à ce sujet, par M. le Préfet.

Les directeurs étant les seuls juges de l'opportunité, soit du dépôt aux Archives Départementales des titres et papiers dont il s'agit, soit de la conservation de ces documents dans les Archives du domaine, il conviendra que vous revoyiez toutes les affaires domaniales litigieuses, pour vous mettre à même de reconnaître quelles sont les pièces qu'il y aurait intérêt à conserver.

Les documents dont vous aurez cru pouvoir vous dessaisir sans inconvénient pour le service de l'administration seront décrits dans un inventaire dressé en double minute, et vous veillerez à ce que le double, dont vous resterez dépositaire, contienne les mêmes émargements que celui de la préfecture, de manière à faciliter les recherches qui pourront être faites ultérieurement dans les Archives Départementales.

Il n'y aura pas lieu, à moins de circonstances exceptionnelles dont il devrait être justifié, de détourner un employé supérieur de ses occupations ordinaires, pour faire la recherche des dossiers et des titres concernant les anciennes maisons religieuses. Vous procéderez, avec l'Archiviste de la préfecture, à la révision de ces dossiers dans l'intérieur des bureaux de la direction.

Recevez, Monsieur le Directeur, l'assurance, etc.

Le Directeur général,

TOURNUS.

Depuis cette circulaire, M. le Ministre de l'intérieur a demandé à son collègue des finances que la remise des papiers qui ne sont pas absolument nécessaires à l'administration des domaines fût étendue ***aux documents antérieurs à*** 1790 de toute origine. MM. les directeurs restent juges de l'opportunité de la remise des pièces.

Une opération analogue se fait également dans les conservations forestières qui ont reçu les Archives des anciennes juridictions et maîtrises des eaux et forêts.

Nous devons à l'obligeance de M. d'Arbois de Jubainville, Archiviste du département de l'Aube, les indications suivantes, relatives aux prescriptions du Gouvernement pour assurer la conservation, le classement et l'inventaire des Archives. Ces précieux renseignements peuvent servir de complément à l'introduction placée en tête du *Manuel de l'Archiviste*. Nous les donnons à titre de renseignements.

23 juillet 1676. Arrêt de la Cour de Parlement contenant règlement sur la manière de garder et conserver les titres des cures et des fabriques des églises paroissiales. (La Poix de Freminville, *Traité général du gouvernement des biens et affaires des communautés d'habitants.* Paris, 1760, in-4°, p. 552.)

12 décembre 1698. Déclaration du roi portant règlement sur l'administration des hôpitaux; articles 21 et 22, concernant *les Archives et leur inventaire.* (Guyot, *Répertoire*, t. VIII, p. 549.)

15 janvier 1778. Lettre de l'intendant de Champagne aux officiers municipaux de Troyes, sur le classement de leurs Archives. (Archives de la ville de Troyes, AA, 53e carton, 1re liasse.)

3 brumaire et 26 frimaire an III. Circulaires du comité des

décrets, procès-verbaux et Archives de l'Assemblée nationale, en exécution de la loi du 7 messidor an II. (Original, Archives de l'Aube.)

Messidor an III. Instructions pour les préposés au triage des titres. (Original, Archives de l'Aube.)

2 frimaire an V. Circulaire du Ministre des finances, en exécution de la loi du 5 brumaire an V. (Original, Archives de l'Aube.)

18 décembre 1806. Circulaire du Ministre de l'intérieur sur la remise des titres aux agents des domaines. (Original, Archives de l'Aube.)

12 septembre 1812. Circulaire du Ministre de l'intérieur pour demander aux préfets des renseignements sur l'état des dépôts d'Archives situés dans chaque département. (Original, Archives de l'Aube.)

5° NOTICES SUR LES ARCHIVES DÉPARTEMENTALES.

DÉPARTEMENT DE L'AIN (voyez l'Annuaire de 1860, à la suite du *Manuel de l'Archiviste*, p. 347).

DÉPARTEMENT DE L'AISNE (1).

En 1790, les documents déposés au chef-lieu de la province de Picardie furent répartis entre les diverses circonscriptions administratives, formées aux dépens de cette généralité, en vertu de la proclamation royale du 20 avril de la même année. Bientôt après, l'administration républicaine déploya un zèle tout spécial pour faire disparaître les actes qui pouvaient rappeler la

(1) Le *Rapport à M. le Ministre de l'intérieur sur les monuments, les bibliothèques, les archives et les musées* des départements de l'Oise, de l'Aisne, de la Marne, du Nord et du Pas-de-Calais, par M. Vitet (Paris 1841), ne contient aucun renseignement sur les Archives de l'Aisne.

féodalité ; et on fit, pendant les fêtes révolutionnaires, de nombreux auto-da-fés des documents historiques, en réservant cependant, pour les arsenaux, tout ce qui pouvait servir à confectionner des gargousses.

Malgré les destructions regrettables que nous venons de signaler, il restait encore, en l'an VI, des Archives très-importantes, puisque deux cents voitures de papiers et de parchemins, empilés sans aucun soin sur des charrettes, et chargés comme on aurait fait du foin ou de la paille, furent amenées à Laon ; on les déposa alors dans les souterrains de la cathédrale, d'où on les retira quelques années plus tard, à cause de leur état de pourriture, pour les replacer sous les voûtes et dans les greniers de cet édifice religieux, où ils ne furent pas plus à l'abri de l'humidité, ni moins abandonnés au pillage. Ces amas de papiers et de parchemins surchargèrent tellement les bâtiments, qu'on fut obligé de les étayer. Tels furent les motifs qui déterminèrent les administrateurs du département, en l'an XII, à disposer un local spécial pour recevoir ce qui restait encore des Archives civiles et ecclésiastiques de l'ancienne province de Picardie. Comme on l'a vu, le transport dans la ville de Laon, en l'an VI, de la partie des Archives de la Picardie qui concernait le département de l'Aisne, avait été opéré sans aucune précaution ; aussi le désordre était-il complet, et de très-nombreuses pertes de titres pouvaient-elles être déjà signalées. Bientôt après, on eût également à regretter la destruction, prescrite à une époque qu'il n'est pas possible de préciser, de la collection des procès-verbaux des biens vendus nationalement. Enfin, lors du siége qui fut mis, en 1814, devant la ville de Laon, un incendie vint compléter les nombreux désastres que les Archives de ce département eurent à subir.

En l'année 1820, le Conseil général, comprenant la nécessité d'établir de l'ordre dans cet amas informe de documents de toute origine, décida, pendant sa séance du 7 août, qu'il serait procédé à un classement méthodique des pièces dont il se composait encore. Une partie des bâtiments de l'hôtel de la préfecture fut alors convenablement disposée pour recevoir les Archives du département, et un traité fut passé avec un employé, qui consacra cinq années à leur classement et à la rédaction d'un inventaire. Ce travail était terminé en 1825; mais comme un Archiviste n'avait pas été chargé, en même temps, de surveiller ces mêmes collections, le désordre s'y mit bientôt après. Ce ne fut qu'en l'année 1834, qu'un Archiviste spécial fut régulièrement attaché à ce service.

Dès son entrée en fonctions, cet employé put constater que les Archives antérieures à 1790 comptaient encore 614 registres, 599 plans, 963 liasses, portefeuilles ou cartons, et 5,093 chartes isolées, antérieures au XVIe siècle. Le document le plus ancien remontait à l'année 867; c'est une donation faite par le roi Charles le Chauve à la prévôté de Barisis; d'autres chartes, mais en grand nombre, portent les dates du XIe siècle. Ajoutons cependant que certains documents remarquables par leur origine ou par l'importance de leur texte, et qui sont cités dans les ouvrages des Bénédictins, n'existent plus à ce dépôt. Parmi les plus curieuses et les plus anciennes pièces que l'on y peut étudier de nos jours, nous devons mentionner les suivantes, concernant l'ancienne abbaye de Saint-Nicolas-aux-Bois, savoir : Chartes des années 1083, 1101, 1103, 1113, 1116, 1130, 1133, 1134, 1136, 1138, 1145, 1147, etc., contenant des donations, des ventes, des accensements, des échanges de terres; ces actes ont été promulgués par les rois Philippe Ier, Louis le Gros; les évêques de Laon, Ingelrand, Barthélemy; le doyen de Saint-Quentin et le seigneur de Couci.

L'abbaye de Saint-Vincent est représentée dans ces Archives par des chartes des années 1098, 1115, 1116, 1123, 1136, 1138, 1140, 1143, 1145, 1147, etc., portant donations et ventes de fours, moulins, d'alleux, instituant des fondations d'anniversaires, rappelant l'interdit mis, par ordre du pape, sur des biens usurpés à des monastères. Il n'était plus permis alors d'exercer le culte catholique dans l'étendue de ces seigneuries excommuniées; à peine y permettait-on d'enterrer les morts, de baptiser les enfants et d'accorder la pénitence aux mourants. Tels étaient, à cette époque, les effets de l'excommunication prononcée avec l'autorisation du pape. Un des documents dont nous avons cité le millésime, constate le départ pour Jérusalem d'Ingelrand de la Fère et les restitutions faites par ce seigneur à cette occasion. Le château de Pierrefont est plusieurs fois cité dans un acte de 1145.

D'autres chartes des rois de France, des évêques de Laon, de Noyon, etc., rappellent des arbitrages entre divers particuliers et des abbayes, des associations de prières entre un chapitre et une abbaye, et dans ces traités, l'un des fondés de pouvoirs de ces établissements pieux se nommait l'*advestitus* du chapitre; des donations de femmes et d'enfants, serfs ou libres, à de certaines conditions, constatent aussi l'état des personnes au XIIe siècle dans cette partie de la France. Ces chartes, de l'année 1124 à 1150 concernent le monastère des Prémontrés. Nous ne devons pas passer sous silence l'acte promulgué par Louis le Gros, en 1125, et portant abolition de la vidamie et de la prévôté de Laonnois, qui opprimaient les pauvres et occasionnaient fréquemment des troubles dans la province. Le monarque fit vendre ces offices à l'encan.

Les seigneurs de Chimay, de Caulincourt, sont cités dans divers documents, et Raoul, comte de Vermandois, porte dans l'un d'eux le titre de *Dapifer*, quoique les historiens des grands officiers de la couronne aient oublié de faire figurer ce personnage parmi ceux qui furent revêtus de cette dignité.

Les collections qui composent aujourd'hui les Archives civiles du département de l'Aisne sont encore nombreuses. Nous citerons la collection d'édits, lettres patentes, déclarations et ordonnances des Rois de France, pour la majeure partie composée de pièces imprimées quoiqu'elle n'offre qu'un médiocre intérêt; cependant on peut mentionner, comme se rapportant spécialement au département de l'Aisne des édits concernant la création du siége présidial de Crépy en Valois, d'un bailliage à Villers-Cotterets, d'autres relatives à l'élection et aux fonctions de maire de la ville de Laon; des lettres patentes pour l'établissement d'un hôpital à Laon; la réunion de la moitié du comté de Soissons au domaine; des ordonnances concernant le camp de Soissons etc.

On remarque parmi les Archives des duchés de Guise et de St-Simon, des plans et des terriers très-précieux à consulter pour déterminer l'étendue de ces terres féodales.

Des collections spéciales concernent les marquisats d'Armentières, Aumont, Cœuvres, Blérancourt, Coucy, Genlis, Vervins, les comtés de Braisne et de Joyeuse, les vicomtés d'Oisy, d'Ostel, de Saponay, de Suzy; la baronnie de Connigis, d'Iron, de Labove, et quelques autres seigneuries toutes comprises aujourd'hui dans le département de l'Aisne.

Les papiers du bailliage de Ribemont ont été apportés aux Archives Départementales en 1857; il s'y trouve plusieurs procès singuliers, entre autres celui qui fut fait, en 1751, au cadavre d'un cabaretier suicidé, et dont le corps fut salé pour que les juges eussent la possibilité de continuer la procédure entreprise. On pourrait aussi citer quelques actes extrajudiciaires des plus singuliers, parmi ceux qui proviennent du greffe de Chézy-en-Orxoy.

Quant aux Archives des Intendances d'Amiens, de Hainaut et de Soissons, elles sont extrêmement précieuses à consulter pour les renseignements qu'elles contiennent sur la fabrication du drap, de la toile, des mousselines et des batistes dans la province de Picardie. Le droit de marque était aussi très-ancien dans cette généralité. L'inventaire des trois fonds dont nous parlons a été rédigé avec beaucoup de soin par M. Matton, Archiviste Départemental, et ce travail a fait découvrir des titres utiles à divers particuliers pour régler des difficultés relatives aux cours d'eau. Que ne trouvera-t-on pas également lorsque le temps aura permis de classer entièrement les fonds de l'élection de Château-Thierry ; de la subdélégation de Chauny; du bureau des finances de Soissons ; du bureau des Vingtièmes de la même ville; de l'Assemblée et commission intermédiaire du Soissonnais; de l'Assemblée et des bureaux intermédiaires des élections de Château-Thierry, de Guise, de Laon et de Soissons; enfin, du bureau de l'Agriculture, qui tous se rattachent aux Archives civiles du département de l'Aisne.

Les Archives ecclésiastiques offrent un grand intérêt archéologique, notamment la collection des évêchés de Laon et de Soissons : les fiefs qui en dépendaient, les chambres ecclésiastiques, les chapitres de Laon et de Soissons y sont représentés par de nombreuses chartes anciennes.

Il en est de même des chapitres de Berzy, de Guise, de la Madeleine à Laon, de Moy, de Notre-Dame-des-Vignes à Soissons, de

Noyon, de Rosoy, de St-Corneille à Laon, de Ste-Geneviève à Laon, de St-Julien à Laon, de St-Louis-de-La-Fère, de St-Montain-de-La-Fère, de Ste-Pecinne, de St-Pierre-au-Parvis à Soissons, de St-Quentin, de St-Vaast à Soissons; de la Collégiale de St-Jean-au-Bourg à Laon; des séminaires de Laon et de Soissons; de la Chapelle-Toussaint à Château-Thierry; de Fontaine-Notre-Dame à St-Quentin, et de Liesse.

Il existe de plus des collections spéciales concernant 447 cures et fabriques des divers cantons.

Le département de l'Aisne possédait autrefois de nombreuses abbayes, dont les propriétés territoriales nous sont révélées par un grand nombre de documents. Parmi ces établissements religieux, nous citerons les abbayes de Bohéries, de Bucilly, de Cerfroy, de Chartreuve, de Chezy, de Clairfontaine, de Coincy, de Cuissy, d'Essommes, de Fesmy, de Foigny, d'Homblières, de Long-Pont, du Mont-Saint-Martin, de Nogent-sous-Coucy, de Prémontré, de Saint-Crépin-en-Chaie-lez-Soissons, de Saint-Crépin-le-Grand à Soissons, de Saint-Denis, de Sainte-Elisabeth à Genlis, de Saint-Eloi-Fontaine près Chauny, de Saint-Jean à Laon, de Saint-Jean-des-Vignes à Soissons, de Saint-Léger à Soissons, de Saint-Martin à Laon, de Saint-Médard à Soissons, de Saint-Michel, de Saint-Nicolas-au-Bois, de Saint-Nicolas-sous-Ribemont, de Saint-Pierre (à Reims), de Saint-Prix, de Saint-Quentin-en-Isle, de Saint-Vincent à Laon, de Saint-Yves à Braisne, de Thenailles, du Val-Chrétien, du Val-Secret, de Valsery, de Vauclerc, de Vermand (hommes), du Calvaire à La Fère, de Fervaques à Saint-Quentin, de Montreuil-sous-Laon, de Notre-Dame à Soissons, d'Origny-Sainte-Benoite, de Saint-Paul à Soissons, de Saint-Remy-Saint-Georges à Villers-Cotterets, du Sauvoir, les Chartreuses de Bourfontaine et du Val-Saint-Pierre.

Les Prieurés du Charmes, du Château à Château-Thierry, de Croutes, d'Evergnicourt, de Fargniers, de Saint-Arnoult à Crépy en Valois, de Saint-Lazare à La Ferté-Milon, de Saint-Paul-au-Bois, de Saint-Remy en Braisne. La Maison de Chantrud à Laon et la Maison de retraite des prêtres infirmes à Liesse. Les prévôtés de Barisis, Chivres, Laval, les Commanderies de Boncourt, Catillon-du-Temple, Laon, Maupas, Moisy-le-Temple et Puisieux.

Les couvents des Chapelains de Saint-Quentin, des Cordeliers de Saint-Quentin, des Frères des écoles à Soissons, des Jacobins de Vailly, de Sainte-Croix à Chauny, des Vieux hommes de Saint-Quentin, des Cordeliers de Chauny, de Nogent-l'Artaud et Saint-Quentin, des Dames de la congrégation de Château-Thierry, Laon et Soissons, des Filles de la croix de Chauny et de Saint-Quentin, des Minimesses de Soissons, de Notre-Dame-de-Braisne, des religieuses de Long-Pré, des Sœurs de l'Enfant-Jésus, enfin de l'Hôtel-Dieu et maladrerie de Chauny.

Les plans anciens et modernes provenant de ces maisons religieuses ont été restaurés. Les sceaux des chartes, nombreux et souvent très-curieux, ont été enfermés dans des boîtes en fer-blanc et préservés ainsi de toute détérioration. Cette utile mesure devrait être pratiquée dans les autres dépôts de France.

Les registres et volumes des délibérations de certaines communautés, les aveux, les dénombrements et surtout les terriers occupent une place importante dans les Archives de l'Aisne, entre autres ceux du duché de Laon et de plusieurs chapitres. On doit citer, comme un des plus curieux, un registre d'Enquête faite, en 1536, par le lieutenant général de Vermandois et constatant les désastres arrivés. Cette enquête faite dans les diverses paroisses du diocèse de Laon après des troubles religieux, nous apprend, par exemple, que le bourg de Rozoy-sur-Serre, pris et repris vingt-deux fois par les diverses parties belligérantes au XVIIe siècle, était réduit de 250 feux à 18, par suite des malheurs de tout genre qu'il avait eu à supporter.

Les bénédictins mentionnent dans leurs ouvrages quelques cartulaires qui n'ont pas été retrouvés. Cependant on conserve de nos jours aux Archives Départementales les volumes suivants :

Cartulaire de l'évêché de Laon, in-4°, parchemin, de 111 feuillets, du commencement du XIVe siècle, contenant la transcription de 276 pièces, dont la plus ancienne est de l'année 1090 et la plus récente est de 1320, parmi lesquelles on remarque les chartes de fondation de la commune de Laonnois (1174) et sa suppression en 1190 ; les priviléges de la commune de Laon de l'année 1128, et un arrêt qui condamne un boucher à porter dans la ville, à la procession du dimanche, une morue ou un saumon pendus à son col, pour le punir d'avoir vendu de la viande un vendredi.

Un autre cartulaire du même évêché contient cent vingt-cinq pièces des années 1127 à 1277. Il est de format petit in-8°, sur parchemin, et a été écrit au XIIIe siècle.

Le cartulaire de la cathédrale de Soissons, in-folio, papier, 326 feuillets, écriture de la fin du XVIe siècle, renferme 348 pièces des années 1079 à 1453. — A la fin de ce volume on remarque un certificat constatant que toutes les pièces ont été *fidèlement* (1) copiées sur les originaux existant dans l'église de Soissons.

Cartulaire de l'abbaye Saint-Martin de Laon (*Monasterium Sancti Martini Laudunensis*), en trois volumes in-folios, papier, 802 feuillets, transcrit en 1733. Il nous a conservé 1683 documents des années 1107 à 1731.

La chronique de l'abbaye de Nogent-sous-Coucy (*Chronicon ecclesiæ ac monasterii beatæ Mariæ de Nogento subtus Cociacum*), petit in-folio, papier, 239 feuillets, a été transcrit pendant les années 1665 à 1674. — Elle nous a conservé aussi le texte de 41 pièces des années 1059 à 1413. — Ce précieux volume renferme, de plus, des vues de l'église de cette abbaye, des armoiries coloriées des personnages illustres qui y ont reçu la sépulture, et le dessin des sceaux à l'usage des sires de Coucy pendant les années 986 à 1401.

Le cartulaire de l'abbaye de Saint-Quentin-en-Isle (*Sanctus Quintinus de Insula*), in-4°, papier, 192 feuillets, est du VIIIe siècle. — 96 pièces y sont transcrites (des années 1110 à 1241). Chaque charte est précédée d'un sommaire analytique.

Un autre cartulaire de l'abbaye de Saint-Quentin-en-Isle est de format in-4°, sur papier. Il a 84 feuillets d'une belle écriture du XVIIIe siècle. 97 pièces y sont transcrites (des années 1110 à 1241). Chaque charte est précédée d'un sommaire analytique.

Le cartulaire de l'abbaye des Homblières, (bulles, chartes des rois et lettres des évêques de Noyon, concernant sa fondation), (*Ecclesia Humolariensis*), est de format in-4°, papier, 387 feuillets, — écriture du XVIIIe siècle. — 87 pièces y sont transcrites (de 948 à

(1) Sur quelques falsifications de chartes par les religieux, pendant le moyen âge, voyez le *Cartulaire de Vaux de Cernay*, publié par MM. Merlet et Moutié; deux volumes in-4°.

1319). Ce volume est orné de dessins représentant les sceaux et les signatures de différents rois, comtes, papes et cardinaux.

Cartulaire de l'abbaye du Mont Saint-Martin (*Monasterium Montis Sancti Martini*), 406 feuillets, — écriture du XVIIIe siècle — 312 pièces transcrites, de 1136 à 1315. Les armes du couvent sont imprimées en or sur les plats de la couverture de ce volume in-folio, sur papier.

Cartulaire de l'abbaye de Saint-Crépin-le-Grand à Soissons (*Monasterium Crispini et Crispiniani*), in-folio, papier, 371 feuillets, — écriture du XVIIIe siècle. — 235 pièces transcrites, de 855 à 1710.

Cartulaire de Saint-Médard de Soissons (1) (*Sanctus Medardus Suessionensis*), petit in-4°, vélin, 143 feuillets, — XIIIe et XIVe siècles. — 237 pièces trancrites, de 1047 à 1325.

Cartulaire de l'abbaye de Long-Pont (*Monasterium de Longuo-Ponte*), petit in-folio, papier, 116 feuillets, écrit en 1735, contient 115 pièces de 1138 à 1618. En tête de ce volume, on remarque une dissertation sur : 1° les chartes et les cartulaires en général ; 2° les sceaux, le contre-scel et la cire dont on se servait ; 3° les notaires et les témoins ; 4° les différentes monnaies ; 5° les amortissements et les indemnités ; 6° la haute, la moyenne et la basse justice.

Cartulaire de l'abbaye royale Notre-Dame de Soissons (*Sancta Maria Suessionensis*), in-folio, papier, 693 feuillets, — XVIe, XVIIe et XVIIIe siècles. — 549 pièces transcrites, de 656 à 1655.

Cartulaire de l'abbaye de Fervaques (*Abbatia de Fervachiis*), grand in-folio, papier, 297 feuillets, — écritures des XVIIe et XVIIIe siècles.

Tels sont les documents les plus importants des collections et des Archives Départementales de l'Aisne. L'Archiviste, M. Matton, s'occupe avec un zèle infatigable de la rédaction des inventaires. Les quatre premières séries sont analysées avec un soin des plus minutieux. (Voir les extraits des délibérations du Conseil général.)

L'évangéliaire de cet abbaye, un des plus beaux monuments paléographiques du IXe siècle, orné d'admirables peintures, a été transporté à la Bibliothèque impériale de Paris.

Ces inventaires sont précédés d'une notice préliminaire, qui fait connaître l'historique des Archives de l'intendance de Soissons; d'une introduction étendue contenant des recherches intéressantes sur les diverses branches de l'administration avant 1789; d'un tableau synoptique des matières. On y trouve également la liste complète, par ordre chronologique, des intendants, à partir de 1640, un tableau des communes ressortissant à chaque élection et à chaque subdélégation; un tableau, suivant l'ordre chronologique, des tailles pour chaque élection de la généralité de Soissons, depuis 1700 jusqu'à 1790 inclusivement; un état des communes, hameaux et fermes dépendant de chaque grenier à sel; l'état des communes ressortissant aux différents bailliages, avec indication des ressorts immédiats, des ressorts par appel et des ressorts par appel au présidial. Pour rendre l'intelligence de ces détails plus facile, M. Matton les a résumés dans une très-bonne carte indiquant, par des lisérés de couleurs variées et tranchées, les divisions de l'intendance en élections, subdélégations, bailliages et greniers à sel.

On peut dire qu'aucun travail d'inventaire n'a été fait d'une manière plus consciencieuse. Il dénote un esprit de méthode expérimenté et une connaissance approfondie des instructions ministérielles.

D'autres inventaires sont en voie d'exécution, notamment celui des Archives de l'ancien Bureau d'Agriculture de Picardie, qui nous révélera les efforts tentés, à la fin du dernier siècle, pour améliorer cette branche si importante de la richesse nationale.

Ajoutons avec regret, en terminant cette notice, que les papiers des greffes et ceux des sous-préfectures sont dans un état de confusion complet; aussi, le Conseil général, justement préoccupé de cet état de choses regrettable, a-t-il voté des fonds pour établir une inspection des Archives de ce département.

DÉPARTEMENT DE L'ALLIER.

Les Archives du Bourbonnais avaient été confisquées, en grande partie, par le Roi, lors de la trahison du connétable de Bourbon, et réunies au Trésor des chartes et à la Chambre des comptes de Paris. Ce qui restait encore à Moulins de documents anciens et modernes eut beaucoup à souffrir d'un incendie qui consuma la majeure partie du château de cette ville, en 1755 ; enfin, lorsque la tourmente révolutionnaire eût encore ajouté à ces deux désastres, l'exécution de la loi sur le brûlement des titres, en 1793, il ne devait presque plus rester trace des Archives de ce pays si riche en souvenirs du moyen âge. Ce dernier acte légal de vandalisme fut accompli, en effet, dans le Bourbonnais, non-seulement au chef-lieu de district, mais encore dans un grand nombre de communes, avec un zèle tout de circonstance; ou eut soin même de présenter à la population émue cet auto-da-fé comme une fête patriotique à laquelle tout le monde devait prendre part.

Depuis cette époque fatale aux Archives, il y eut encore à regretter des remises illégales de titres à plus de quinze anciennes familles et au clergé des villes et des communes, enfin, des mises en vente, sans examen suffisant et sans autorisation de l'administration supérieure, de papiers provenant des établissements supprimés en 1790. Deux déménagements, dont le dernier remonte à l'année 1820, mirent le comble au désordre de ces Archives.

Ce ne fut réellement qu'en l'année 1838, que l'administration commença à s'occuper sérieusement de la mise en ordre de ce dépôt. Il fut alors constaté que les documents antérieurs à 1790 se composaient de 148 registres, 700 plans, 300 liasses, portefeuilles ou cartons, et 300 chartes isolées, la plus ancienne remontant à l'an 918.

Les Archives civiles consistent en titres venus de la Cour des comptes de Montbrison, de la Chambre du domaine du Bourbonnais, de l'intendance de Moulins, des assemblées provinciales du Bourbonnais, des colléges royaux de Moulins et de Brugheas, des écoles charitables, du vicomté de Carlat (Cantal), du duché de Bourbonnais, de 17 châtellenies, des papiers de vingt-sept familles.

Quant aux Archives ecclésiastiques, on y trouve les fonds des collégiales d'Hérisson, Huriel, Notre-Dame de Moulins, Saint-Nicolas de Montluçon et de cinquante-deux cures, chapelles ou fabriques; le fonds de la Congrégation des prêtres communalistes de Sainte-Croix de Gannat, des Missionnaires de Beauvel (commune d'Escurolles), de l'abbaye de Notre-Dame de Cusset, de Saint-Menoux, de Sept-Fonds, de la Chartreuse de Moulins, des prieurés de Chuseun, de Saligny, de Notre-Dame de Montluçon, de Saint-Vincent de Chantelle, de Souvigny, du Val des Choux (Côte-d'Or), des couvents des Augustins de Moulins et de Gannat, des Bernardins de Moulins, des Capucins de Moulins et de Cusset, des Carmes et des Carmélites de Moulins, des Célestins de Vichy, des Filles de la Croix de Moulins, des Minimes de Moulins, des religieuses de Sainte-Claire et de la Visitation de Moulins, des Urbanistes du Donjon, des Ursulines de Moulins; Commanderies de Beugnay et de Boulay; enfin, les papiers des hôpitaux de Saint-Gilles, de Saint-Joseph de Moulins et de l'Hôtel-Dieu ou hôpital général de la même ville.

L'importance des établissements thermaux de ce département a déterminé l'Archiviste à mettre d'abord en ordre les documents qui concernent Vichy, et tout récemment l'administration a retrouvé, dans les pièces relatives à ces thermes, une partie des renseignements dont elle avait besoin pour décider de ses droits dans une affaire contentieuse.

Nous aurions dû mentionner, avant ces pièces modernes, deux volumes de l'année 1520, contenant les coutumes du Bourbonnais; environ cent terriers curieux à consulter pour connaître la nomenclature des droits et impôts perçus autrefois dans chaque châtellenie par les officiers du duc et plus tard par ceux du roi. Cette collection fournirait de nombreux renseignements des plus utiles à une histoire de la population agricole du Bourbonnais, pendant les quatre derniers siècles (1441-1789).

Les papiers de famille se composent en majeure partie de pièces de procédures des XVII et XVIIIe siècles. Les dossiers des familles d'Apchon et de Talarel-Chalmazel contiennent quelques chartes du XIVe siècle, qui peuvent intéresser la ville de Gannat.

Les papiers provenant de l'ancienne intendance ont presque tous été brûlés en 1755; on conserve cependant dans le dépôt de l'Allier: 1° Une belle copie du Mémoire de M. d'Argouges, intendant de la généralité de Moulins, rédigé en 1686. 2° Le procès-verbal d'une visite des eaux et forêts du roi (maîtrise de Cérilly) en 1670, par le conseiller Huraut de Saint-Denis, contenant la description et le bornage de toutes les forêts départementales de la maîtrise de Cérilly et l'énumération des droits d'usage alors en vigueur.

Les documents enlevés de Moulins lors du procès du connétable de Bourbon furent, comme nous l'avons dit, en partie transportés à la Cour des comptes de Paris. Vers la fin du XVIIIe siècle, on en dressa un inventaire qui est aujourd'hui un des plus précieux documents sur l'histoire du Bourbonnais, et qui fait connaître notamment les limites des provinces du Bourbonnais, du Berry, de la Marche, d'Auvergne, de Bourgogne, etc. On y remarque de plus l'analyse des actes suivants qui ont une réelle importance historique pour la province du Bourbonnais :

1° Abandon par G. comte de Forcalquier et sa femme à Archambault de tous leurs droits sur la baronnie de Bourbon (février 1211) moyennant 200 marcs d'argent.

2° Plusieurs traités d'alliance entre le duc de Bourbon, d'une part, et les nobles d'Auvergne, ainsi que l'évêque de Clermont (28 mai 1413) et le duc de Bretagne (12 janvier 1439) de l'autre.

Enfin les deux pièces suivantes :

1° Abstinence de guerre entre le pays de Bourgogne et celui de Bourbonnais (6 février 1433). 2° Abstinence de guerre entre le pays de Bourgogne et celui de Bourbonnais, sans date, mais qui semble le complément nécessaire du précédent traité. Enfin, l'acte de revendition de la châtellenie de la Bruyère-Laubépin par le duc de Bourbonnais à Jacques Cuci pour 4,000 écus. (1445 décembre).

Il existe aussi un autre inventaire de pièces originales également relatives aux ducs de Bourbonnais. C'est un volume manuscrit, in-4°, ayant pour titre : *C'est l'inventaire des titres estans en la chambre des comptes à Montbrison, appartenant à monseigneur le duc de Bourbonnais et d'Auvergne à cause de sa comté de Fourés, fait en l'an* MCCCCLXXIII.

Les Archives Générales à Paris possèdent un grand nombre de documents (au moins 3378 pièces) relatives à ce département, dans la section du Trésor des chartes, carton J. 275-276. T. P. 1355 à 1381. Le Conseil général de l'Allier a chargé l'Archiviste d'en dresser un inventaire régulier et de faire des copies des documents utiles au département. Cette mission a été remplie avec succès et à la satisfaction du Conseil général par M. Chazau.

Citons encore, en finissant cette nomenclature, le beau manuscrit de la Bibliothèque impériale représentant des vues du Bourbonnais, les portraits des ducs, et qui a été exécuté au xve siècle, et contenant l'Armorial du Bourbonnais, du Forez et de l'Auvergne (Gaign. n° 2896).

Les Archives ecclésiastiques de l'ancien Bourbonnais ont été moins maltraitées. Dans cette série, on doit mettre au premier rang les documents de la collégiale de Saint-Nicolas de Montluçon, au nombre de plus de 500 pièces, formant une série non interrompue depuis 1260, époque de sa fondation, jusqu'en 1789; ceux de la collégiale de Notre-Dame de Moulins (bulles, chartes d'évêques, de ducs et de particuliers) formant six liasses, dont la pièce la plus curieuse est un rouleau, d'environ 5 mètres de long, contenant le procès-verbal de fondation du chapitre et de son installation, par Maurice, évêque de Nevers, le 6 décembre 1386.

Il y a lieu de mentionner en outre : 1° le cartulaire en quatre volumes du temporel du prieuré de Sept-Fonds exécuté au xviiie siècle, et contenant la transcription de plus de 700 pièces, dont plusieurs ont pour le département une véritable importance; 2° Un manuscrit sur parchemin, du milieu du xiie siècle, contenant un martyrologe, la règle de saint Benoît et la règle particulière du Val-des-Choux ou de Saint-Lieu; 3° Le *Thesaurus Sylviniacensis* (prieuré de Souvigny), volume sur parchemin, du milieu du xviie siècle, contenant la transcription de 169 pièces des années 980 à 1649; c'est une copie d'un ancien cartulaire dont l'existence au xive siècle est constatée dans plusieurs chartes de 1386. 4° Une copie du dernier siècle du cartulaire du Val-des-Choux, donnée il y a peu de temps par le département de la Côte-d'or. Enfin, 72 cures et chapelles du département sont représentées par 321 layettes, contenant plus de 10,000 pièces.

Les inventaires sommaires de ce département sont très-avancés, et les Archives modernes entièrement classées; mais les papiers des sous-préfectures ne présentent qu'un désordre complet.

DÉPARTEMENT DES BASSES-ALPES.

Les Archives civiles, antérieures à 1790, ne se composent dans ce dépôt que de 14 registres, 85 liasses et 164 chartes isolées. Aucun document ne remonte au delà du XIIIe siècle. On y trouve des pièces provenant de la sénéchaussée de Digne, de l'intendance d'Aix, de plusieurs vigueries, du marquisat de Sigoyer, de la seigneurie de Soleilhas, de la commune de Moustier, etc.

Parmi les dossiers de l'intendance et de la sénéchaussée, on remarque des correspondances relatives à l'exploitation de mines, à l'établissement de fabriques, à des pertes éprouvées par suite d'orages et d'incendies, à l'incarcération du curé d'Aubenas et de la fille d'un seigneur du voisinage. Quelques pièces concernent l'administration des communes et des hôpitaux, des plaintes contre les administrateurs des hospices, les plans et les devis de réparations d'édifices publics, les constructions d'églises, presbytères, maisons communes, les concessions de foires et marchés, fontaines, etc., etc., l'industrie des machines à ratiner les draps; aux fabriques de toiles; aux moulinage des soies; les fortifications, casernement, traitement des soldats malades; les bains de Digne et les eaux minérales; l'élection des consuls de communes, l'affouagement, les pâturages, etc., etc.

Quant aux Archives ecclésiastiques, elles se composent des fonds de l'évêché de Digne, du chapitre de Riez, de la collégiale de Forcalquier, de la chapellenie des Amalric à Digne, des couvents des Augustins de Valensole, des Dominicains de Barcelonnette, des Récollets de Digne, des Trinitaires de Faucon et de Digne, des Ursulines et des Dames de la Visitation de la même ville; des Ursulines de Riez; des hôpitaux de Digne et d'Annot, des Œuvres de la charité de Barcelonnette et de Peypin.

Ces Archives ont été transportées dans les bâtiments de la préfecture en l'année 1828, et occupent un local assez convenable.

Les seules chartes anciennes que l'on puisse mentionner sont : 1° Celle du 9 février 1205, par laquelle Guillaume, comte de Forcalquier, accorde aux prud'hommes, manants et habitants de Manosque, le privilége d'administrer librement leurs biens. Cet acte a été publié en 1733 ; 2° une charte du 26 mars 1226, portant désunion par l'abbé et les religieux de Montmajour, du lieu du Castellet, au profit de la ville d'Arles ; 3° un extrait du testament du roi Robert de Naples, daté du 5 septembre 1343, relatif au droit des cavalcades ; 4° une lettre patente de la reine Jeanne, datée de Naples, le 13 juillet 1364, par laquelle elle donne une terre et un pré aux frères prêcheurs du couvent de la ville de Barcelonnette ; 5° un décret du vice-légat d'Avignon, du 6 mars 1586, touchant les enterrements.

Parmi les 155 documents relatifs à la ville de Moustiers, 18 sont du XIVe siècle, savoir :

4 février 1306. Sentence rendue sur les contestations survenues entre la commune de Moustiers et les chevaliers dudit lieu, qui prétendaient devoir être exempts de payer les contributions, à l'exception de celles destinées à l'Église.

6 octobre 1306. Compromis passé entre la communauté et les habitants nobles de Moustiers, au sujet du refus des nobles de participer aux charges de la communauté.

11 septembre 1332. Permission d'établir un syndic, accordée par le roi Robert à la communauté de Moustiers, à l'occasion d'un procès qu'elle était dans l'intention d'intenter à un particulier nommé Pierre Crotta.

23 juin 1343. Statut sur le mode de perception des tailles dans la communuauté de Moustiers.

16 avril 1357. Délibération du Conseil général de la ville de Moustiers, relative à une imposition extraordinaire de 5 sous provençaux par feu.

8 juillet 1359. Obligation de 600 florins d'or, passée au profit du sieur Darduar, marchand de Florence, par les syndics de Moustiers.

13 août 1359. Autorisation donnée par le Conseil général de Moustiers de payer une dette.

10 octobre 1361. Quittance de 11 florins d'or en faveur de la communauté de Moustiers.

20 novembre 1362. Lettre du sénéchal de Provence sur la nécessité de fortifier les bourgs, villes et châteaux du bailliage de Moustiers.

20 octobre 1364. Requête présentée au noble, magnifique et puissant seigneur Foulque d'Agout, sénéchal de Provence, contre certains usuriers de Moustiers, et sur une sentence du sénéchal contre les coupables.

14 août 1365. Ordonnance du sénéchal de Provence, concernant certaines propriétés soumises à des censes et situées à Castelle, Moustiers et au Puget de Theniers.

15 mars 1374. Lettre du grand chancelier de la Cour royale de Sicile et comté de Provence, qui nomme Antoine Assautier syndic de la communauté de Moustiers, capitaine de cette communauté.

13 février 1380. Lettre de Nicolas Spinelle, chancelier du roi de Sicile et comte de Provence, portant autorisation de lever un impôt extraordinaire pour fortifier Moustier (1).

---

(1) Nous avons eu l'occasion de faire ressortir toute l'importance de semblables documents pour fixer la date des constructions du moyen âge, dans un volume ayant pour titre : *Droits et usages relatifs aux travaux de construction en France sous la troisième race de nos rois.* Nous ajoutions que ces renseignements nous paraissaient beaucoup plus certains que les appréciations des archéologues même les plus habiles, fondées uniquement sur l'examen de la manière d'assembler des pierres et des moellons, usitée aux divers siècles. C'est d'après des données de ce genre que M. Viollet-le-Duc établit des théories plus savantes que certaines.

Néanmoins, dans une note insérée à la page 551 du t. V de son *Dictionnaire raisonné d'architecture*, M. Viollet-le-Duc nous reproche d'avoir, en combattant son opinion, tronqué ses phrases, d'y avoir intercalé des suppositions, et de croire qu'il n'existe en France, en fait de monuments, que des archives et des bibliothèques. M. Viollet-le-Duc veut-il nous permettre de lui faire remarquer qu'il ne nous a pas indiqué les passages de son Dictionnaire que nous avons *dénaturés*, et que les nouvelles preuves qu'il produit au profit de ses théories ne sont pas très-concluantes? En effet, pour nous démontrer que la ville de Montpazier avait été bâtie *au* XIIIe *siècle* sur un plan préalablement tiré au cordeau, M. Viollet-le-Duc nous renvoie à deux preuves incontestables selon lui, savoir : au *Dictionnaire de M. Girault de Saint-Fargeau* et à l'ÉTAT ACTUEL DE CETTE VILLE. C'est encore l'*état actuel* du Château-Gaillard, qui a été, durant le moyen âge, pris et repris plusieurs fois, réparé et modifié à plusieurs époques, qui doit nous faire connaître ce qu'était ce château du temps de Philippe-Auguste. Enfin, comme il nous paraissait difficile d'adopter le système des écoles, en fait d'architecture,

11 août 1380. Fragment d'accord passé par les syndics de Moustiers pour la réparation d'une partie d'un pont.

7 décembre 1383. Vente du quinzième de tous les fruits de la commune de Moustiers en faveur du vicomte de Thoard.

12 avril 1386. Lettre de la reine Marie, ratifiée le 3 octobre 1399 par le roi Louis II de Sicile, comte de Provence, portant consentement de la vente du quinzième de tous les fruits, faite au vicomte de Thoard par les habitants de Moustiers.

3 octobre 1392. Révocation de l'excommunication prononcée contre plusieurs habitants de Moustiers.

15 avril 1396. Emprunt de 50 florins d'or fait par la commune de Moustiers.

L'inventaire analytique de ces Archives a été entièrement rédigé, et avec beaucoup de soin, par M. Isnard, Archiviste départemental. Il en est de même des documents modernes.

Les Archives des sous-préfectures ont été, pendant longtemps, dans le plus grand désordre. A Barcelonnette, entre autres, elles gisaient dans un grenier qui servait en même temps de magasin de fourrages. Elles ont été ensuite vendues à une époque qu'il n'est pas possible de préciser. A Forcalquier, à Sisteron, elles sont entassées sans ordre dans une salle abandonnée de l'hôtel de la sous-préfecture.

A Castellane, au contraire, le petit nombre de dossiers qui subsistent encore sont en général bien classés.

---

divisées et subdivisées à l'infini dans chaque province et même dans chaque partie d'un monument, car quelquefois, pour M. Viollet-le-Duc, le clocher d'une église est d'une école, l'abside d'une autre, la nef d'une troisième, etc., l'auteur du *Dictionnaire* nous donne une preuve si irrécusable de l'exactitude de ses théories que nous devons la reproduire pour édifier nos lecteurs sur sa valeur réelle : « Vous demandez des preuves, *c'est à peu près comme si on demandait à des Anglais de prouver qu'ils s'entendent lorsqu'ils parlent entre eux !* » —Nous ajouterons toutefois que nous connaissons un certain nombre de Français qui n'ont jamais cessé de l'être, et qui parlent l'anglais de manière à soutenir parfaitement la conversation du plus érudit seigneur de la Grande-Bretagne, et avec un accent qui ferait douter de leur origine française. Dans ce cas, à quelle école M. Viollet-le-Duc attribuera-t-il ce Français?

DÉPARTEMENT DES HAUTES-ALPES.

Ces Archives ont été apportées dans les bâtiments de la préfecture en 1838, et furent placées dans les greniers, où elles étaient à peine abritées contre la pluie. Le local actuel, qui est assez convenable, a été approprié en 1852. Ce dépôt se compose d'un petit nombre de documents antérieurs à 1790. Savoir : 131 registres, 6 plans, 175 liasses et 551 chartes isolées, antérieures au XVIe siècle, et provenant des fonds suivants :

Archives civiles. Bailliage de Gap et d'Embrun; juge de Labâtie-Neuve; intendance de Dauphiné; élection de Gap; subdélégations de Briançon, Embrun et Gap; collèges d'Embrun et de Gap; principauté de Briançon; marquisats de Savines et de Mison; comté de la Roche des Arnauds; baronnies d'Avançon, de Beaujeu, du Saix, de Vitrolles; seigneuries d'Auriac, de Chatillon-le-Désert, des Crottes, de Jarjayes, de Ribeyret, de Salernes; 23 dossiers relatifs aux familles nobles; enfin le tabellionage du Poët.

Les *Archives ecclésiastiques* proviennent de l'archevêché d'Embrun, de l'évêché de Gap, des chambres ecclésiastiques d'Embrun et de Gap; des chapitres métropolitain d'Embrun et cathédral de Gap; du séminaire de Gap; de 28 cures, chapelles ou fabriques; de d'Oulx, de la Chartreuse de Durbon, du couvent des Cordeliers, de l'abbaye d'Embrun, des Cordeliers de Gap, des Ursulines de Gap, des prieurés d'Antonaves, de Manteyer, de Pelleautier, de Romette, de Sigoyer, de Tallard, d'Upaix.

Le document le plus ancien remonte à l'année 1099, et appartient à l'abbaye de Durbon. Quelques chartes du XIIe siècle offrent de l'intérêt pour l'histoire locale. Les pièces moins anciennes fournissent aussi des renseignements précieux relatifs aux luttes des communes contre les évêques, seigneurs de Gap, et pour l'époque des guerres de religion.

Ces Archives, mises en ordre dès l'année 1820, ont été l'objet d'inventaires, dont les copies se trouvent aux Archives impériales de Paris et au Ministère de l'Intérieur.

On remarque dans la série B : un recueil de décrets rendus par le juge de Gap depuis 1630; une enquête faite à Espinasse, en 1762, par le vice-bailly d'Embrun, pour constater les naissances, mariages et décès (de 1737 à 1756), le curé ayant oublié de les inscrire sur des registres; un procès-verbal des violences exercées, en 1775, contre le curé et le vicaire de la Bâtie-Neuve, etc., etc.

Parmi les papiers provenant de l'élection de Gap, se trouvent la répartition, en 1742, de 20 fr. à payer par les nobles ou autres personnes possédant des terres nobles dans les élections de Gap, Embrun, Briançon et dans la principauté d'Orange; les rôles des communes pour l'impôt; l'état des foires qui se tiennent dans le Gappançois, leur durée, le commerce qui s'y fait, les lieux d'où proviennent les objets vendus, etc. L'administration du collège de Gap et la lutte survenue entre les Dominicains et les pères de la Doctrine chrétienne, au sujet de l'instruction publique, forment aussi plusieurs dossiers curieux à consulter.

Les titres de famille concernent les d'Agoult, seigneurs d'Auriac, de la Bâtie, etc., depuis 1332; on y remarque un terrier des droits dus au seigneur de la Bâtie-Neuve à la Rochette, en 1479. Le dossier de la famille Annand, marquis de Mison, contient entre autres pièces, un testament de l'année 1267; la famille Chabestay du Ribeyret, les Castellane (testaments depuis 1513, baux à ferme, actes judiciaires, procès, entre autres celui qui fut intenté par demoiselle Isabeau de Castellane à Antoine Mallet, son mari, qui prétendait avoir été enlevé à main armée et contraint par le sieur de Salermey, le baron d'Hugues et autres seigneurs, à épouser ladite demoiselle de Castellane); les Duclot-de-Serre, seigneurs de Chatillon-le-Désert (titres divers remontant à 1555, testaments, quittances, transactions, rôles de propriétés, commission du roi).

La famille de Flotte-Montauban, baron de Montmaur, seigneurs de Jarjayers, titres remontant à 1342, transactions avec des communes; la famille Gruel-Lafond, marquis de Savinex de Ravel, de Reynard, baron d'Avançon, Rolland, etc., etc.

Pour l'histoire des communes du département, on peut consulter : une supplique des habitants de Gap au maréchal de Vieillerville pour obtenir des secours contre les protestants, en 1563; des lettres du connétable de Lesdiguières et suppliques au roi, au sujet des élections municipales; des règlements de police et des états de fournitures faites aux troupes de passage dans le pays.

Nous citerons encore, dans les Archives ecclésiastiques, les documents suivants : hommages des évêques aux comtes de Provence, 1257; priviléges accordés par ces princes, transactions des évêques avec la ville de Gap et avec d'autres communautés; hommages et reconnaissances rendus aux évêques par des communes, des seigneurs, etc.; requête au Parlement de Grenoble (1574) par l'évêque de Gap, pour obtenir justice d'Estienne du Bouc, seigneur d'Auriac, qui l'avait blessé d'un coup de pistolet; mémoire sur la trahison de Gap et sa prise par les protestants; procès-verbal de l'Assemblée des députés du clergé de Gap, en 1583; délibérations du clergé de Gap depuis 1650; reconnaissance de propriétés appartenant à l'archevêché d'Embrun.

Dans la série H (clergé régulier), on trouve des bulles de fondations, des donations à la chartreuse de Durbon par Isoard, comte de Die, 1166; par les empereurs Frédéric Ier, en 1178; Henry VI, en 1188; par les rois d'Aragon, comtes de Provence, depuis 1193; par les seigneurs d'Argoult, d'Orange, de Simiane et autres seigneurs et particuliers, depuis 1198.

Un rapport fait au Conseil général, nous apprend que les Archives de l'archevêché d'Embrun avaient été examinées par l'Archiviste du département, en 1858; mais que le peu de temps qu'il avait pu consacrer à cette visite ne lui avait pas permis d'en reconnaître l'importance. En effet, au milieu de pièces inutiles et sans intérêt, se trouvaient des documents précieux. Le triage devait être opéré afin de réunir aux Archives Départementales les documents provenant de l'archevêché d'Embrun, dont l'intérêt serait reconnu, et pour faire mettre de côté des livres incomplets, des brochures sans intérêt pour l'administration départementale, qui seraient utilement donnés à la bibliothèque de la ville de Gap. Cette proposition fut adoptée par le Conseil général; mais on ne connaît pas encore le résultat de cette opération, qui semble avoir été très-incomplète.

Les papiers des sous-préfectures sont sans importance. A Briançon, ils ont été classés méthodiquement en 1845; à Embrun, le classement est en voie d'exécution.

II. ARCHIVES COMMUNALES.

1° PERSONNEL. — SECRÉTAIRES ET EMPLOYÉS DE MAIRIES ET LITTÉRATEURS CHARGÉS DE RÉDIGER LES INVENTAIRES. (Voyez, pour les autres départements, l'*Annuaire* de 1860, à la suite du *Manuel de l'Archiviste*, p. 350 et 351.)

LOIRE-INFÉRIEURE. A Nantes, M. Estiennez; à Châteaubriant, M. Geslin.

LOIRET. A Orléans, M. Loyseleur.

LOT-ET-GARONNE. A Agen. M. Croset.

MAINE-ET-LOIRE. A Angers, M. Port. La municipalité de cette ville a fait *imprimer, en un volume grand in-8°, l'inventaire* de ses Archives, à la fin duquel on trouve quelques documents inédits très-curieux pour l'histoire d'Angers. Cet important travail est dû aux soins de M. Port.

(*La suite à l'Annuaire de* 1862.)

2° DÉLIBÉRATIONS DES CONSEILS GÉNÉRAUX RELATIVES AUX ARCHIVES COMMUNALES.

AIN. — Les travaux de classement des Archives antérieures à 1790, momentanément ajournés, seront repris à dater du mois prochain et suivis sans interruption jusqu'à leur complet achèvement.

ALLIER. — L'Archiviste a visité l'été dernier les cantons de Chantelle, de Charroux, de Monestier et de Gannat, les plus riches en documents anciens. Ces Archives ont fourni un certain nombre de pièces intéressantes pour l'histoire du pays, dont copie a été prise et déposée aux Archives du département.

ALPES (BASSES-). — Depuis la suppression du service d'inspection, le classement des Archives Communales s'effectue lentement. Néanmoins des mesures ont été prises, sur les instances de M. le Ministre de l'Intérieur et sur celles du Préfet, pour assurer, par un classement régulier et des inventaires dans la forme prescrite, la conservation de ces précieux dépôts.

Ardèche. — A l'aide du crédit de 500 francs que le Conseil général a continué d'allouer au budget de 1860, le classement des Archives Communales, entrepris depuis deux années, est arrivé à un degré d'avancement très-satisfaisant. Déjà 178 inventaires des documents antérieurs à 1790 sont parvenus au Préfet.

Ariége. — La révision des inventaires sommaires des Archives Communales a été continuée, et elle a donné lieu à d'assez nombreuses observations.

Aube. — Grâce à l'inspection confiée à l'Archiviste de la Préfecture, les travaux de classement et de rédaction des inventaires ont pu être opérés rapidement; il n'y a plus aujourd'hui que 9 communes qui n'aient pas fourni leur inventaire.

L'Archiviste a inspecté, depuis l'année dernière, 73 communes. Ses rapports constatent des améliorations sensibles. La continuation de ces inspections paraît indispensable au Préfet pour assurer le maintien des résultats déjà obtenus. Au budget de 1861, se trouvent inscrits les mêmes crédits que pour l'exercice courant. (Voir le paragraphe 3° des décisions, circulaires, etc., p. 129.)

Aude. — Aujourd'hui, la situation des Archives Communales, si l'on en excepte pourtant quelques centres importants, laisse peu à désirer; elle est aussi satisfaisante qu'elle l'était peu précédemment. 363 communes ont rempli au sujet de leurs Archives les obligations de l'instruction ministérielle du 16 juin 1842. 71 sont encore en retard.

Quelques communes, profitant de la latitude donnée par une disposition de la circulaire du 16 juin 1842, ont déposé aux Archives Départementales leurs anciens titres pour en avoir des traductions, analyses, etc. Peyriac-Minervois entre autres a fait analyser plusieurs actes, l'un desquels, par son importance historique, mérite qu'on en fasse ici mention. Ce titre date des kal. d'avril 990.

Calvados. — L'inventaire des Archives des communes s'est continué avec zèle, et on a à peu près complétement terminé cet utile travail. Il reste à réaliser le projet de concentration des Archives Communales antérieures à 1790, dont le Préfet a entretenu le Conseil général il y a quelques années. Cette mesure est délicate, mais elle offre un tel intérêt, qu'il ne faut pas désespérer que l'utilité n'en soit comprise par toutes les administrations municipales.

Cantal. — La situation des Archives Communales laisse beaucoup à désirer.

Charente. — Il sera impossible à l'Archiviste d'entreprendre, cette année, la tournée que nécessite l'inspection des Archives Communales et Hospitalières. Le préfet ne croit donc pas devoir demander l'allocation d'un crédit spécial à cet effet.

Charente-Inférieure. — M. de la Morinerie chargé du classement des Archives du greffe de Saintes, propose de s'occuper en même temps de celles de la ville. Il reste beaucoup à faire pour que le service des Archives Communales du département soit enfin organisé. (Voyez ci-dessus p. 42.)

Drôme. — Le Conseil général, considérant que les Archives Communales de l'arrondissement de Nyons, antérieures à 1790, sont seules sur le point d'être entièrement réunies à la Préfecture;

Considérant que les Archives Communales des autres arrondissements, relatives à la même époque, sont restées dans les communes où elles subissent des détériorations regrettables, soit par l'effet du temps et du manque de soins, soit par le fait de l'insouciance de quelques administrations municipales qui n'en comprennent pas l'importance, émet le vœu suivant :

« Le Conseil général verrait avec satisfaction que des dispositions efficaces fussent prises par l'administration, dans le plus bref délai possible, pour que toutes les Archives Communales *antérieures à* 1790, qui ne sont pas classées, soient expédiées à la Préfecture où l'Archiviste départemental procéderait à leur classification. »

Eure. — Dans la visite des Archives de la commune de Tournedos-la-Campagne, M. l'Inspecteur a été assez heureux pour retrouver une dizaine de chartes du XIIIe siècle, provenant des abbayes de l'Ile-Dieu et de Mortemer, et servant à la reliure d'un atlas cadastral. Elles ont été détachées avec soin et réintégrées aux Archives Départementales.

Eure-et-Loir. — Les Inspecteurs primaires sont chargés de faire des rapports sur les Archives des diverses communes, lors de leur tournée d'inspection : cette mesure a déjà produit d'excellents résultats. Des rapports ont été adressés sur plus de 150 localités.

Gard. — Les inventaires dressés en exécution de la circulaire du 16 juin 1842, dont une copie a été déposée aux Archives de la préfecture, ne s'élèvent jusqu'à ce jour qu'à 231. Le nombre de ceux qui ont été rédigés d'après la circulaire du 25 août 1857 et qui ont reçu l'approbation de Son Excellence M. le Ministre de l'Intérieur s'élève aujourd'hui à 132.

Garonne (Haute-). — Le Conseil général vote une somme de 400 fr. pour frais de tournées périodiques d'inspection des Archives Communales et Hospitalières.

Gers. — Aux fonctions d'archiviste départemental, M. Niel joint encore celles d'inspecteur des Archives Communales et Hospitalières ; il est principalement chargé, en cette qualité, de faire rédiger les inventaires des Archives.

Gironde. — Quant à l'inspection des Archives Communales, le Conseil général a épuisé dans les précédentes délibérations, les questions que cette institution soulevait. Elle est maintenant à l'œuvre. Son contrôle a donné un stimulant utile au zèle des secrétaires des mairies rurales.

Ille-et-Vilaine. — Les communes de Dol, Paimpont et de Saint-Jouan-des-Guérets ont fourni cette année l'inventaire des titres antérieurs à 1790, dont elles sont en possession. Ces 4 inventaires sont approuvés par le Ministre de l'Intérieur.

Isère. — La transmission à la Préfecture des inventaires des Archives Communales est maintenant très-avancée. 60 communes ne l'ont pas encore fait parvenir, notamment celles de Grenoble et de Vienne. L'envoi sans aucun retard a été réclamé.

Jura. — Aujourd'hui, les inventaires d'Archives Communales approuvées sont au nombre de 358, et il reste à examiner ceux de 225 communes.

Relativement aux Archives Communales antérieures à 1790, le nombre de ces documents vérifiés, qui étaient de 116, s'est accru de 36, et s'élève conséquemment à 152.

LANDES. — Une somme de 650 francs est demandée pour indemniser les inspecteurs des écoles primaires, des travaux qu'ils feront dans les Archives des mairies pour le classement des pièces anciennes et modernes. Le Conseil général accorde cette somme.

LOIRET. — En 1859, M. l'Inspecteur a visité 18 communes de l'arrondissement d'Orléans et 22 de celui de Gien. En général, il a trouvé les Archives en désordre; elles n'existent même plus dans quelques-unes de ces communes. Sur les 40 qui ont été visitées en 1850, 7 ont opéré le classement de leurs Archives.

Quant aux 30 communes inspectées en 1860, aucune, jusqu'à ce jour, n'a ses Archives en ordre.

LOT-ET-GARONNE. — Les Archives visitées par M. l'Inspecteur-Archiviste sont au nombre de 46. Dans beaucoup de ces communes, les Archives n'ont pas un local séparé de la salle commune de la mairie, et sont enfermées dans des armoires trop étroites pour contenir tous les papiers et les livres. Conformément aux observations qui leur ont été adressées, MM. les maires ont reconnu la nécessité de séparer la bibliothèque administrative des Archives proprement dites, et de remplacer les rayons ouverts par des armoires fermées. Le Préfet se propose de veiller d'ailleurs, à ce que dans toute construction nouvelle ou nouvelle appropriation de local, un cabinet spécial soit réservé aux Archives. M. l'Archiviste a également recommandé à MM. les maires la reliure des collections de l'état civil, qui remontent souvent au XVIe siècle, et l'inscription immédiate, à l'inventaire, des terriers et cadastres anciens.

Dans les communes dépourvues d'inventaires, M. l'Archiviste a guidé les secrétaires des mairies pour la rédaction de ce travail; les inventaires fournis jusqu'à ce jour ont été, en général, exécutés antérieurement à 1850; le classement réglementaire, oublié insensiblement, a fait place à un ordre arbitraire. Le Préfet a invité MM. les maires à rétablir la méthode prescrite et à tenir à jour les inventaires. Des étiquettes imprimées leur ont été remises pour faciliter le classement, par série, des diverses parties des Archives. A la suite de chaque inspection, sur le rapport de M. l'Archiviste, des observations ont été adressées à MM. les maires sur la tenue de leurs Archives et les améliorations à accomplir. Ces rapports ont souvent servi d'appui pour obtenir des Conseils municipaux les ressources nécessaires aux réformes urgentes.

Centralisation des titres historiques des communes.

La centralisation des titres historiques des communes à la préfecture a sauvé les débris de nos vieilles Archives. L'expérience acquise par les tournées d'inspection, ne démontre que trop combien de documents précieux le pillage et l'incurie ont fait perdre à l'histoire. Quelques registres de Jurandes des XVIIe et XVIIIe siècles, et des papiers administratifs relativement modernes, sont bien souvent les seuls restes que des communes importantes conservent de leur existence politique.

Cependant le nombre des communes, dont les titres sont déposés à la préfecture, s'est accru d'une manière notable; il s'élève aujourd'hui à 70. Souvent les fonds particuliers ne contiennent que très-peu d'articles, mais ces pièces isolées constatent qu'elles étaient les juridictions et les divisions politiques et religieuses des communes, renseignements précieux pour la statistique historique de la France.

M. le Préfet signale une restitution importante faite au département par Mademoiselle Lagarde, fille de l'ancien maire de Tonneins, qui lui fait remettre une longue série de registres de Jurandes, demeurés dans la maison de son père. — Les coutumes de Lamontjoye et de Moissac, conservées à la préfecture, ont été livrées à l'impression.

MARNE. — A peu d'exceptions près, les Archives des communes sont dans un état peu satisfaisant.

Une première inspection, dans une vingtaine de communes de l'arrondissement de Châlons, a produit d'heureux résultats. Les maires ont pris des dispositions pour la conservation et la mise en ordre des Archives et la rédaction de leurs inventaires.

NIÈVRE. — 43 communes possèdent des titres anciens : 26 seulement ont envoyé des inventaires des Archives antérieures à 1790; mais 181 inventaires des papiers modernes ont été transmis à la préfecture.

NORD. — En ce qui touche les Archives communales, la formation des inventaires généraux est aujourd'hui terminée, et la réunion de ces documents a permis d'en faire établir des tableaux récapitulatifs par arrondissement. Ces tableaux, qui ont été dressés sous la direction de M. Le Glay, sont faits avec tant de soin et d'intérêt, que le Préfet croit devoir les mettre sous les yeux du Conseil général, persuadé d'avance qu'il y trouvera une nouvelle preuve de zèle et d'aptitude de la part de l'auteur du travail.

PAS-DE-CALAIS. Les Archives des villes, restées jusqu'à ce jour dans une situation assez défectueuse, présentent aussi de notables améliorations. Boulogne et Saint-Omer ont fait parvenir leurs inventaires. A Bapaume, un crédit a été proposé au Conseil municipal pour l'achèvement du classement commencé par M. l'abbé Robert, ancien desservant de Transloy, qui avait bien voulu se charger de ce travail. A Arras, le dépouillement des Archives se trouve encore forcément ajourné, par suite du déplacement momentané des titres et papiers pendant la reconstruction de l'Hôtel-de-Ville.

A Saint-Omer, M. Lachèvre, secrétaire de la mairie, a terminé le classement et l'inventaire de toute la partie des Archives municipales antérieures à 1790. Ce travail est fort important, et fait connaître sommairement les Archives de la ville.

PUY-DE-DÔME. — Le classement des Archives a été commencé dans l'arrondissement d'Issoire par M. Chandezon, qui y accomplira cette mission, on n'en doute pas, avec intelligence.

RHIN (BAS-).—L'inventaire de Rasheim a été rédigé par le greffier de la mairie.

RHÔNE. — Il n'y a plus que deux communes, Saint-Romain-de-Popey et Valsonne, qui n'ont pas fourni leurs inventaires.

Le nombre des communes qui ont fourni le leur est de 74.

SEINE-INFÉRIEURE.—Les registres de l'état civil sont à peu près tout ce qu'on trouve dans les Archives Communales en fait de documents antérieurs à 1790, et l'Archiviste rend un compte satisfaisant de la conservation de ces précieux documents dans la plupart des mairies. La commune de Pavilly lui a offert une trouvaille qui mérite quelque mention particulière : c'est une liasse portant cette indication : *Papiers fort anciens et inutiles.* Cette liasse contenait un dossier des XIVe et XVe siècles, où l'on trouve les pièces d'un procès entre Robert sire d'Esneval et la paroisse, au sujet de l'administration de la maladrerie de la Madeleine. Le procès fut long. Le sire d'Esneval triompha ; mais la lutte avait été animée, et elle donne une vivante et juste image de la vie communale à cette époque.

Nous avions signalé l'année dernière un riche dépôt d'Archives découvert dans les greniers de la mairie de Cany. Les documents qui le composent n'ont pour la ville de Cany aucun intérêt ; ils proviennent de cinq émigrés et des abbayes d'Ouville, de Valmont de Fécamp et de Saint-Georges-de-Boscherville. Depuis longtemps ils auraient dû être réunis aux archives de la préfecture, en vertu de la loi du 5 brumaire an V, et il y a lieu d'espérer que les réclamations de l'Archiviste obtiendront bientôt une satisfaction d'autant plus désirable qu'aucune mesure n'a été prise jusqu'à ce jour pour leur classement et leur conservation.

SEINE-ET-OISE. — Les travaux d'inventaire des Archives communales, exigeant des connaissances spéciales, ne pourront pas être exécutés dans la plupart des communes, si l'Archiviste de la préfecture, qui est chargé de la surveillance de ce service, ne peut se transporter sur les lieux et apprécier par lui-même la valeur et l'importance des documents à inventorier. Dans un grand nombre de départements, dans l'Aube, dans l'Eure, etc., cette institution a produit les meilleurs résultats.

VIENNE. — Un membre du Conseil signale le désordre qui règne dans les Archives des communes autres que celle de Poitiers, et cependant certaines collections communales renferment de précieux documents.

Le Préfet répond que toutes les mesures prises pour remédier à cet inconvénient ont été infructueuses. Sur sa demande, il a été autorisé à organiser des tournées d'inspection, qui seront faites par les inspecteurs primaires, et il s'occupe de l'organisation de ce service.

3° DÉCISIONS ADMINISTRATIVES ET CIRCULAIRES.

Le décret organique relatif aux Archives de l'Empire, rendu le 22 décembre 1855, le conseil d'État entendu, rend obligatoire la rédaction des inventaires des Archives des communes et des hospices. S. Exc. M. le Ministre d'État vient de rappeler à Messieurs ses collègues la nécessité d'assurer l'exécution de ce décret. Messieurs les Archivistes doivent donc ne pas cesser de demander, par l'intermédiaire de messieurs les préfets, l'exécution de la circulaire du 25 août 1857, qui concerne les documents antérieurs à 1790, afin d'être en mesure de soumettre à S. Exc. M. le Ministre de l'Intérieur les inventaires des Archives de cette époque. Quant à la circulaire du 16 juin 1842, l'exécution de ses prescriptions est également obligatoire; mais les inventaires rédigés d'après la méthode indiquée doivent être vérifiés par l'Archiviste, soumis à l'approbation de M. le Préfet et déposés à la préfecture, en vertu de la décision du Ministre relative à la décentralisation administrative. (Voy. ci-dessus, p. 88.)

La Commission des Archives Départementales près le Ministère de l'Intérieur a émis l'avis que les frais de rédaction des inventaires sommaires, quand il y a lieu d'en accorder, rentrent, par leur analogie, dans les *dépenses obligatoires*, ainsi que la conservation des plans cadastraux, des matrices des divers impôts, du *Bulletin des lois*, etc., et peuvent, par conséquent, être inscrits d'office dans le budget municipal.

PRÉCÉDENTS ADMINISTRATIFS.

3. (Pour les précédents 1 et 2 voy. *Manuel*, p. 355.) L'estampillage des pièces est une mesure des plus importantes à effectuer dans les Archives. (*Décis.* du 24 août 1854. Seine-et-Oise.)

4. La surveillance des Archives communales est au nombre des attributions des Sous-Préfets. (*Décis.* du 14 septembre 1854. Vienne.)

5. Un procès-verbal de récolement doit être exigé de chaque

Maire entrant en fonctions ou en sortant. Des lettres personnelles doivent leur être adressées, outre les avis insérés au *Bulletin des actes administratifs*. (*Décis.* du 14 août 1854. Vendée.)

Circulaire.

Circulaire relative à l'exécution du décret de décentralisation du 13 avril 1861; — inventaires des Archives Communales et des Hospices; — injonction de la Cour des Comptes; — exécution du décret organique du 22 décembre 1855 :

Paris, le 1er mai 1861.

Monsieur le Préfet,

Le décret de décentralisation du 13 avril dernier, qui vous dispense d'envoyer à l'avenir à mon ministère les inventaires des Archives Communales et Hospitalières de 1790 à 1860, n'atteindrait pas son but, s'il avait pour effet d'affranchir les communes et les hospices des obligations qui leur sont imposées. Placée sous votre autorité directe, cette partie de l'administration doit, au contraire, être l'objet d'une surveillance plus active et plus féconde en bons résultats.

Je vous invite en conséquence à exiger la rédaction des inventaires des Archives des communes et des hospices, et à en réclamer l'envoi à votre préfecture. Vous jugerez sans doute utile de rappeler à Messieurs les Maires et à Messieurs les Présidents des Commissions administratives les instructions qui régissent la matière et les prescriptions auxquelles ils sont tenus de se conformer, l'arrêté du 19 floréal an VIII, l'ordonnance du 14 septembre 1822, celle du 22 février 1839, et notamment la circulaire du 16 juin 1842.

M. le Premier Président de la Cour des Comptes me signalait, tout récemment, un Maire qui, en réponse à une injonction de cette Cour, a produit un certificat constatant l'absence d'inventaire des Archives et des objets mobiliers de la commune. Il importe qu'un pareil fait ne se reproduise plus, et que les travaux de classement et d'inventaire s'exécutent dans chaque commune et soient mis à jour dans un délai aussi rapproché que possible.

Quant aux Archives Communales et Hospitalières antérieures à 1790, le décret du 13 mars n'a pas modifié les dispositions des circulaires des 25 août 1857 et 10 juin 1854: Les inventaires de ces documents devront, comme par le passé, m'être envoyés par vos soins. Je compte également sur vos instances pour presser leur rédaction, et je vous prie de prendre les mesures nécessaires pour surmonter, dans certaines communes, les difficultés qui s'opposent à ce que ces travaux soient exécutés avec promptitude. S. Exc. M. le Ministre d'État a, plusieurs fois déjà, appelé mon attention sur les dispositions de l'article 5 du décret organique des Archives, rendu le 22 décembre 1855, qui doivent faire considérer les inventaires des Archives comme obligatoires. Enfin, Monsieur le Préfet, je désire pouvoir constater, dès à présent, le degré d'avancement des opérations dont il s'agit, dans votre département, et je vous serai obligé de remplir et de me renvoyer, le plus promptement possible, le tableau ci-joint relatif aux inventaires des Archives communales et des Archives hospitalières.

Recevez, Monsieur le Préfet, l'assurance de ma considération très-distinguée,

Le Conseiller d'État, Directeur général,

THUILLIER.

Le département de l'Aube s'est particulièrement occupé, depuis quelques années, du service des Archives Communales. M. le Préfet, par des circulaires insérées au Recueil des actes administratifs, le 14 septembre 1853, le 15 octobre 1857 et le 5 septembre 1860, a rappelé à MM. les maires les obligations qui leur incombent au sujet des inventaires, du classement et de la conservation des papiers anciens et modernes. M. d'Arbois de Jubainville, Archiviste Départemental, a aussi rédigé des instructions très-pratiques et très-détaillées sur la manière d'exécuter les travaux prescrits par l'administration supérieure, afin de faciliter à MM. les maires la rédaction des inventaires. Ces *instructions* ont été publiées dans le Recueil administratif du 14 septembre 1860, p. 176, et elles y occupent plus de douze pages. Enfin, un *questionnaire*, dont nous reproduisons les principaux articles, a été rédigé par le même Archiviste; ce document constate avec quel soin les inspections sont faites dans ce département.

INSPECTION DES ARCHIVES COMMUNALES. — *Préfecture de l'Aube.* — 1. Les Archives sont-elles conservées à la maison commune? — 2. Sont-elles placées dans un local fermant à clef? — 3. Le timbre de la mairie a-t-il été apposé sur chaque volume, sur chaque registre et sur chaque pièce détachée? — 4. Y a-t-il dans ce dépôt quelque lacune importante? — 5. A-t-on affecté à ce dépôt un nombre de rayons suffisant? Sont-ils convenablement disposés? — 6. Le *Bulletin des lois* est-il relié, broché ou en feuilles, et, dans ce dernier cas, est-il en ordre? — 7. *Le Recueil des actes administratifs* est-il relié, broché ou en feuilles, et, dans ce dernier cas, est-il en ordre?— 8. *Le Bulletin du ministère de l'intérieur* est-il relié, broché ou en feuilles, et, dans ce dernier cas, est-il en ordre? — 9. *Les Actes de l'état civil* sont-ils reliés, et, dans le cas où ils ne le seraient pas, sont-ils en ordre? — 9 (*bis*). Date du plus ancien? — 10. Le reste des papiers, registres et volumes appartenant à la commune, est-il rangé par ordre de matières et de dates? — 11. La division par ordre de matières est-elle faite suivant la méthode prescrite par la circulaire ministérielle du 16 juin 1842? — 12. Un inventaire de ces Archives a-t-il été rédigé? — 13. Cet inventaire est-il conforme à la circulaire ministérielle du 16 juin 1842? — 14. Les étiquettes reproduisent-elles les cotes de l'inventaire? — 15. Ces cotes sont-elles répétées sur chaque pièce? — 16. Date de l'inventaire? — 17. Depuis cette époque, un récolement a-t-il eu lieu? — 18. Existe-t-il dans ces Archives quelques documents qui présentent un intérêt historique? — 19. A-t-on dressé un inventaire du mobilier de la mairie?

4° NOTICES SUR LES ARCHIVES COMMUNALES. (Voyez la précédente notice *Annuaire* de 1860, dans le *Manuel de l'Archiviste*, p. 356.)

DÉPARTEMENT DE L'AIN.

M. Baux, Archiviste départemental, est chargé d'inspecter les Archives Communales et Hospitalières de cette préfecture. Les papiers y sont en général en mauvais état, les inventaires à peine commencés ; on ne trouve dans les mairies que les registres paroissiaux contenant des actes de l'état civil, remontant au milieu du XVIe siècle. Les mairies de Lagnieu et de Pont-de-Vaux possèdent, de plus, quelques pièces historiques.

Aux Archives de la mairie de Bourg, on remarque les priviléges concédés, en 1250, aux habitants de la ville par le sire de Beaugé. Les ducs de Savoie réglèrent, en 1336, 1352, 1383 et 1398, la police intérieure de la cité, la boucherie, les priviléges des meuniers, la pêche, etc. ; ces actes existent encore. — Le guet et les fortifications de la ville furent aussi l'objet de l'attention des souverains, en même temps que le corps municipal consignait dans ses registres de délibération, remontant au XVe siècle, les causes d'un conflit qui éclata entre la ville et le clergé de Brou, en l'année 1430. L'inventaire de ces Archives n'a pas encore été rédigé.

DÉPARTEMENT DE L'AISNE.

Un quart des communes de ce département a fait classer et inventorier ses Archives. Les inventaires rédigés laissent beaucoup à désirer. Il y a lieu de croire que, dans certaines communes, il existe des titres anciens ; il est même probable que la difficulté de lire les écritures du moyen âge a empêché plusieurs maires de s'occuper de ce travail. Quelques-uns de ces fonctionnaires, peu jaloux de conserver des papiers dont ils ne peuvent pas toujours apprécier l'importance, les laissent détruire par l'humidité, soit à la Mairie, soit à la Sacristie.

Les Archives de Chauny sont importantes et anciennes ; on y remarque une charte de l'année 1167. A Comenchon, les registres des paroisses remontent à 1636, et contiennent, de plus, de très-curieux renseignements sur les guerres entre la France et l'Espagne, en 1635. A la mairie d'Ognes, se trouve l'acte qui règle ses droits de pâturage au XVIe siècle. A Coucy-le-Château, on ne remarque que quelques actes du XVIe siècle.

M. Matton est chargé de l'inspection des Archives Communales de ce département ; un grand nombre de mairies ont été visitées. Les Archives Communales les mieux tenues sont celles de Villiers-Cotteretz ; mais elle n'ont pas une grande importance,

Il n'en est pas ainsi des Archives de la ville de Laon : des actes anciens, des chartes en français-picard du XIIIe siècle, des lettres autographes précieuses, les actes de l'administration du prévôt, ceux des confréries des arts et métiers, s'y trouvent encore. Les comptes des recettes et des dépenses de la ville remontent à 1356, et méritent une attention spéciale. On y trouve, en effet, les dépenses pour les fortifications, pour l'achat de l'artillerie, les payements faits pour indemnités des dégâts causés par des émeutes, les excommunications encourues par la commune, les fondations des maladreries, les procès-verbaux des assemblées extraordinaires de la ville. Tels sont les très-précieux documents que l'on peut encore étudier à la mairie de Laon. Malheureusement ces Archives ne sont pas encore inventoriées. Nous citerons, pour ce motif, les documents suivants, comme présentant un intérêt historique réel.

Chartes en langage picard portant les dates des anneés 1248, 1249, 1252, 1253, 1260.

1230 et 1231, chartes relatives à l'interdiction de toute communication avec les habitants de Laon, qui sont excommuniés.

1358, députation envoyée à Charles, régent de France, par la ville de Laon, après une émeute.

1404, obligation imposée au clergé de Laon de contribuer, pour sa quote-part, aux dépenses des fortifications de la ville. De semblables arrêts ou ordonnances avaient déjà été obtenus, au XIVe siècle, dans plusieurs provinces (1).

---

(1) Voyez *Droits et usages concernant les travaux de construction*, par Aimé Champollion, in-8°.

1413, mémoire des ouvrages de serrurerie fournis à divers bâtiments de la ville de Laon.

1473 (15 et 21 mars), interdiction de l'entrée de la ville aux vignerons, par ordre du Roi.

Lettre de l'année 1519, relative aux troubles occasionnés dans la ville par la compagnie du maréchal de Chabannes.

Nous pourrions citer encore bien d'autres documents historiques et administratifs du plus grand intérêt, qui existent dans ces Archives Municipales; mais les limites que nous impose l'Annuaire, nous forcent à restreindre la *notice* que nous pouvons consacrer à cette collection.

DÉPARTEMENT DE L'ALLIER.

Les Archives Municipales de Moulins ont été, à plusieurs reprises, l'objet de classements qui remontent à l'année 1776. Il existe même un inventaire, assez médiocrement rédigé, qui porte cette date. Ce dépôt ne contient rien de bien intéressant, ni de très-ancien. Les documents ont été détruits pendant les guerres de religion, et un très-petit nombre de ceux qui restent remontent jusqu'au XVe siècle. Il y a en tout 200 portefeuilles et quelques liasses. Le seul manuscrit du XIVe siècle qui s'y trouvait autrefois, contenant les priviléges accordés à plusieurs villes et communes du Bourbonnais, par les ducs de Bourbon, est maintenant déposé à la bibliothèque publique. Malheureusement, un arrêté du maire de Moulins, portant la date du mois de décembre 1808, pris sur la proposition de M. Desmorillons, alors bibliothécaire, ordonna de vendre au poids, à un libraire, certaine partie *de vieux papiers et de parchemins illisibles*, qui produisit 1632 francs.

Rappelons à cette occasion que la vente des papiers inutiles des mairies est soumise au régime de l'ordonnance du 14 septembre 1822, qui est bien rarement exécuté, et que de semblables et très-regrettables dilapidations se renouvellent encore de nos jours.

Les mairies de Gannat, Montluçon, Bourbon-l'Archambault, Souvigny, Cusset, possèdent quelques titres anciens, mais dont on ignore la nature et l'importance.

Le département de l'Allier est un de ceux où les Archives Communales sont encore dans un grand désordre ; cependant le Conseil général a voté des fonds pour des tournées d'inspection, et M. l'Archiviste s'occupe activement de cette partie de son service, qui s'améliore tous les jours.

Les registres de l'état civil, remontant au XVIe siècle, forment la principale richesse des Archives municipales, et ont été conservés avec assez de soin, car des procès-verbaux nombreux, dressés en 1793, constatent avec quelle attention les Archives Communales de l'Allier furent alors brûlées.

DÉPARTEMENT DES BASSES-ALPES.

Les Archives Communales de ce département n'offrent pas un grand intérêt. Les chartes du XIVe siècle, qui s'y trouvent encore, sont les suivantes, savoir :

A Riez, chartes portant les nos 118, 136, 141 et 234. La première est du 28 janvier 1396, et fait mention d'un traité passé entre les États de Provence et noble Perrochon, dont les troupes ravageaient le pays.

La seconde, du 12 décembre 1396, est un appel des communes de Riez et de Valensole à la reine Marie, contre l'injonction adressée à ces communes, par le bailly de Moustiers, de souscrire une obligation de 5,400 livres en faveur de la comtesse de Turenne.

La troisième est une quittance passée, le 28 janvier 1361, à l'évêque de Riez, d'une quantité de grains qu'il devait fournir, suivant la délibération des prélats, barons, nobles et communautés de Provence, pour l'expulsion des Espagnols, qui commettaient des déprédations dans la province, après s'être emparés de Riez.

Enfin, la quatrième, du 15 juillet 1373, est une lettre du camérier du pape à l'official de Riez, portant ordre de contraindre les ecclésiastiques du diocèse de Riez à contribuer, suivant la valeur de leurs biens patrimoniaux, aux réparations, gardes, légitime défense et fortifications des châteaux du diocèse, pour résister plus facilement aux gens armés et aux malfaiteurs qui parcouraient le pays.

A la mairie de Mées se trouve une charte de 1305 ; à celle de

Saint-Benoist, trois chartes de 1437, 1442 et 1480; A Saint-Pons, un manuscrit contenant les priviléges, statuts et capitulation de la ville de Barcelonette. A Saint-Martin-de-Brousés, 24 dossiers de 1600 à 1700, mais dont on ignore encore le contenu.

Les Archives de la ville de Digne ont été classées et inventoriées par M. Esnack; les principales pièces qu'on y remarque sont : quelques lettres des rois et reines de France, des comtes de Provence, etc. ; une charte de Charles Ier d'Anjou (1272), portant défense à l'évêque de Digne de troubler les habitants; charte de 1306, portant ordre aux Juifs de contribuer aux tailles; 1318, le roi Robert annonce son arrivée à Digne avec une armée, et recommande qu'on ait à lui préparer des vivres ; 1320, lettres du roi au sujet des chevauchées; 1365, lettres de la reine Jeanne, maintenant les priviléges de Digne ; 1411, rémission accordée par le roi Louis II des condamnations encourues par la ville ; 1419, confirmation par la reine mère Yolande, de la prohibition des raisins et vins étrangers; 1428 lettres de Charles, lieutenant général et frère de Louis III, prescrivant la séparation du marché des chrétiens de celui des juifs. — Règlement des contestations entre la commune de Digne et les juifs ; 1437, lettre du roi René, ordonnant aux ecclésiastiques de contribuer aux tailles et charges ; 1272, lettre de l'archevêque d'Embrun au pape Grégoire X ; 1292, approbation par l'évêque et le chapitre de Digne de l'ordonnance par laquelle le comte de Provence interdit l'entrée du vin et des raisins étrangers; 1397, bulle du pape Benoît XIII, ordonnant à la ville de Digne de faire bonne réception à l'évêque Nicolas; 1641, excommunication de la ville, etc., etc. ; 1385-1553, priviléges accordés et confirmés à la ville de Digne, par la reine Marie, comtesse de Provence, le roi René, les rois de France François Ier, Henri II, etc., etc.; 1338, lettre du grand sénéchal de Provence établissant des gardiens des vignes ; 1337, ordre d'enquête sur les événements qui se sont passés aux bans de Digne ; 1341, assemblée des habitants de Digne, pour envoyer des députés à Aix délibérer sur la demande faite par André de Hongrie, qui veut reconquérir la Sicile ; 1313, organisation d'une garde nocturne ; 1342, interdiction de la chasse au furet et au chien; 1342, nomination d'un inspecteur des cabarets, etc. ; 1391, les commissaires et sindics de Digne consultent les confréries de la ville sur le mode d'imposition qu'elles préfèrent.

DÉPARTEMENT DES HAUTES-ALPES.

Les Archives les plus importantes sont celles d'Embrun, Gap, Serres et Tallard. Elles ne contiennent que quelques anciens documents, car, dès l'année 1577, elles avaient été en grande partie incendiées ou pillées par les protestants; elles subirent le même sort de la part des troupes du prince Eugène, dans les dernières guerres du règne de Louis XIV, et, enfin, pendant la révolution, elles furent de nouveau saccagées. Ce fâcheux état de choses ne fit que s'aggraver encore, par suite d'un arrêté du district de Gap du 9 août 1793, portant que tous les anciens titres féodaux déposés au secrétariat du district seraient brûlés sur la place de Saint-Arnoux de Gap, le dimanche 10 du même mois. Cet exemple fut malheureusement suivi dans les autres communes du département.

Les documents encore existants, pour la plupart maculés, déchirés, incomplets et d'une date récente, sont : des livres terriers, des registres de l'état civil et ceux des délibérations municipales; quelques inventaires ont été rédigés. Pour obtenir ce résultat, l'administration avait pensé à faire transporter à la préfecture les documents antérieurs à 1790, pour en faire l'analyse et les rendre ensuite aux municipalités; mais, cette opération ayant présenté des inconvénients, on fut obligé de l'abandonner.

Les Archives Communales de Gap méritent cependant une attention plus particulière. On y conserve le *Livre Rouge* ou *Recueil des libertés de la ville de Gap* (beau manuscrit sur parchemin) dont les actes remontent à 1204 (1). Il contient la grande Charte de la ville, l'enregistrement des lettres des comtes de Provence, des princes de Salerne, des Dauphins, des archevêques de Lyon, des gouverneurs du Dauphiné, etc., etc., octroyant ou confirmant des priviléges; les serments prêtés par les évêques; les coutumes de la ville; les règle-

(1) M. Fauché-Prunelle a publié, sur les libertés Briançonnaises, deux intéressants volumes pour lesquels les archives de la ville lui ont été d'un grand secours.

ments pour l'exercice de la religion protestante depuis 1563, etc.

Les autres documents qui peuvent encore être mentionnés, sont :

1380, enquête des commissaires du Pape, sur le procès pendant entre l'évêque et les habitants de Gap ; une série de rouleaux en parchemin remontant à 1317, et contenant des compromis entre les Consuls et l'Église, des achats de biens par la ville, des constitutions de rentes à son profit, des règlements pour payement d'impôts, etc.

Un de ces rouleaux renferme le procès-verbal, fait en 1463, par un Conseiller au parlement de Dauphiné, portant que noble Jean de Montorsier, ayant été le premier compris au nombre des quatorze habitants de Gap qui doivent être livrés à l'évêque, pour qu'il dispose à son gré de leur vie et de leurs biens, le Parlement de Dauphiné déclare prendre ledit sieur de Montorsier sous sa sauvegarde.

Nous citerons encore des registres de délibérations du syndicat de la ville depuis 1406 et une série de Chartes originales contenant les confirmations des priviléges de Gap, par les Dauphins, gouverneurs de Dauphiné et rois de France ; des registres de déclarations de biens possédés par les habitants de Gap, et des redevances qu'ils payaient ; registres des assemblées de bailliage ; quelques documents relatifs à la peste de Gap, en 1630 ; à l'invasion du duc de Savoie, en 1692 ; des rôles pour la reconstruction des maisons brûlées à cette époque, etc., etc.

(*La suite des Notices à l'Annuaire de* 1862.)

III. ARCHIVES DES MAISONS HOSPITALIÈRES.

1° PERSONNEL DÉSIGNÉ POUR RÉDIGER LES INVENTAIRES DES ARCHIVES.

(Voyez, pour les autres départements, l'*Annuaire* de 1860, à la suite du *Manuel de l'Archiviste*, p. 360.)

HAUTE-LOIRE. Au Puy, M. Belibon.

LOIRE-INFÉRIEURE. A Châteaubriand, M. Guibourg ; à Paimbœuf, M. Maillard.

LOIRET. A Orléans, M. Loyseleur.

MAINE-ET-LOIRE. A Saumur, M. Port; à Beaufort, M. Béritault.

MARNE. A Châlons, M. de Montrond, élève de l'école des Chartes.

HAUTE-MARNE. A Chaumont, M. Carnaudet; à Langres, M. Rollin.

(*La suite à l'Annuaire de* 1862.)

2° DÉLIBÉRATIONS DES CONSEILS GÉNÉRAUX RELATIVES AUX ARCHIVES DES ÉTABLISSEMENTS CHARITABLES.

AUDE. —L'hospice de Carcassonne aura, dans l'année courante, terminé le classement de ses Archives antérieures à 1790, qui est fort avancé et se poursuit avec activité. Un local spécial, et très-convenablement disposé, sera affecté à ses Archives. Bien qu'elles ne remontent pas au delà des mesures générales prises sous Louis XIV, elles ont néanmoins un intérêt considérable et une importance que vont mieux établir les soins et le travail dont elles sont l'objet.

CANTAL.—Les Archives des hospices sont dans un état déplorable.

CORRÈZE.— Les inventaires des Archives hospitalières sont terminées, sauf à Donzenac.

EURE-ET-LOIR. — Le service des Archives Hospitalières ne présente aucun fait nouveau digne d'être signalé. L'administration municipale de Châteaudun reste toujours sourde à toutes lettres de rappel, et ne fournit pas plus l'inventaire des titres de l'hospice que celui des Archives Communales.

M. Merlet se propose de se rendre prochainement dans cette ville, afin d'activer ce travail, réclamé d'une manière toute spéciale par Son Exc. M. le Ministre de l'Intérieur.

ILLE-ET-VILAINE.— Les inventaires de l'hospice de Chantepie, du bureau de bienfaisance de Saint-Malo, de l'hospice de Saint-Servan, du bureau de bienfaisance de Fougères et de l'hospice d'Availles, ont été approuvés par M. le Ministre de l'Intérieur.

ISÈRE.—M. Pilot a continué l'inventaire des Archives de l'hospice de Grenoble. Les autres hospices n'ont pas adressé à la préfecture leurs inventaires, ou bien il a fallu renvoyer ceux de quelques-uns de ces établissements, afin de les faire dresser d'une manière plus conforme aux instructions.

JURA.—Quant aux établissements hospitaliers, l'inventaire, terminé et approuvé pour plusieurs d'entre eux, est encore en voie d'exécution à Dôle et à Salins, et paraît avoir été ajourné à Saint-Amour et à Orgelet, jusqu'au moment où celui des Archives Communales, dont on s'occupe comme plus urgent, aura été achevé. A cet égard, l'état des choses est donc à peu près le même qu'il était l'année dernière. La difficulté de trouver des sujets capables de faire avec exactitude des travaux de cette nature, en obligeant à les confier au même employé, est l'obstacle qui s'oppose à ce qu'ils soient exécutés simultanément.

LOIRET.— L'Inspecteur des Archives Communales a visité, en 1860, les hospices de Dampierre et de Lorris. A Dampierre, les Archives ne se composent que de quelques pièces ; à Lorris, elles sont considérables et remontent à 1468. A Orléans, le secrétaire des hospices poursuit activement son travail, qui s'est trouvé plus considérable qu'on ne l'avait pensé. L'inventaire des pièces antérieures à 1790 sera terminé incessamment.

Quant aux hospices visités en 1859, aucune amélioration ne s'est produite dans l'état des Archives de Jargeau, de Saint-Benoît et de Châteauneuf; à Sully, le travail est avancé et sera terminé vers la fin d'octobre.

MARNE. — La Commission des hospices de Châlons, ayant rencontré des difficultés pour le classement de ses Archives, a été d'avis d'en charger un élève de l'École des chartes. Son Exc. M. le Ministre de l'Intérieur a désigné pour ce travail M. de Montrond. A Reims, l'aménagement est en très-bonne voie : on espère envoyer bientôt au Préfet, pour ce qui concerne l'Hôtel-Dieu, les séries A et B.; à Vertus, le classement est terminé et l'inventaire sera bientôt dressé. Les administrations charitables d'Épernay et de Vitry ont reçu, en octobre 1859, des instructions spéciales pour faire ce travail. Quant aux autres, il y a peu d'empressement à l'exécuter.

NIÈVRE. — 21 établissements sur 29 ont envoyé leurs inventaires à la préfecture.

NORD. — Les Archives des hospices et des bureaux de bienfaisance comprennent de nombreux titres et actes intéressants le patrimoine des pauvres; tous les inventaires de ces établissements, malgré de pressants rappels, ne sont pas encore parvenus à la préfecture; mais beaucoup de ces dépôts ont été visités par M. Le Glay, et partout l'ordre et la régularité présidaient à leur tenue.

Pour maintenir cet état de choses, je fais produire, chaque année, des suppléments d'inventaire par les établissements de bienfaisance, et, comme l'annonce M. Le Glay dans ses rapports nous en avons déjà reçu bon nombre pour 1860.

RHÔNE. — Les Archives hospitalières sont, comme l'année dernière, dans un état qui ne laisserait rien à désirer, si Saint-Symphorien-sur-Coise avait fourni son inventaire.

SARTHE. — Quant aux Archives Hospitalières, si le travail demandé par la circulaire ministérielle du 10 juin 1854 ne peut se faire aussi vite que cela serait désirable, cependant les inventaires de La Flèche et de La Ferté-Bernard ont pu être dernièrement expédiés. M. l'Archiviste se loue beaucoup du concours que lui a donné M. le conservateur de la bibliothèque de La Ferté, pour la lecture et l'analyse des vieux titres qui composent une grande partie des Archives de l'hospice de cette ville.

YONNE. — M. Quantin a visité plus du tiers de l'arrondissement d'Auxerre; mais jusqu'ici il n'a pas trouvé de collections importantes, sauf des actes de l'état civil remontant quelquefois au XVIe siècle, des *Bulletins des lois*, des actes relatifs aux propriétés communales et hospitalières, et des correspondances relatives aux intérêts communs.

3° DÉCRETS, DÉCISIONS ADMINISTRATIVES ET CIRCULAIRES.

Circulaire.

OBSERVATIONS CONCERNANT LES TITRES DES BIENS DES HOSPICES QUI SONT REMIS AUX ADJUDICATAIRES ET QUI N'ONT PLUS QU'UN INTÉRÊT HISTORIQUE.

Paris, le .. août 1860.

Monsieur le Préfet,

Je suis informé par MM. les Inspecteurs généraux du service des Archives que quelques établissements charitables auraient, en vendant certains immeubles, remis spontanément aux adjudicataires la totalité des titres anciens se rapportant aux propriétés aliénées. Or, il est vraisemblable que la plupart de ces titres n'ont plus d'intérêt actuel au point de vue des droits de propriété, tandis qu'ils sont d'une importance incontestable pour l'histoire des localités, des fondateurs, et surtout des fondations elles-mêmes. Il me paraît utile, en conséquence, d'appeler sur ce point toute l'attention des Commissions administratives et de les inviter à ne point se dessaisir, sans examen préalable, de titres qui peuvent contenir des renseignements précieux sur la fondation et les accroissements des établissements de bienfaisance. Je ne doute pas que les Commissions administratives, mieux édifiées sur les inconvénients des faits que j'ai l'honneur de signaler à votre attention, ne fassent examiner avec soin à l'avenir les titres des biens aliénés, de manière à séparer, autant que possible, des documents réellement utiles aux adjudicataires, ceux qui n'ont plus d'intérêt que pour la science et pour l'histoire des établissements charitables.

Recevez, Monsieur le Préfet, etc.

Pour le Ministre, et par autorisation :

Le conseiller d'État, secrétaire général,

J. Cornuau.

4° NOTICES SUR LES ARCHIVES ANTÉRIEURES A 1790 CONSERVÉES DANS LES HOSPICES.

DÉPARTEMENT DE L'AIN.

A Bourg, il existe deux établissements hospitaliers; la fondation de l'un d'eux est du xviie siècle. Les titres de propriété sont assez nombreux dans les Archives de ces deux maisons, surtout à partir du xvie siècle, époque à laquelle furent annexées les maladreries de Saint-Roch et autres. Les statuts de l'année 1530, les registres des délibérations remontant à 1679, les testaments, etc., remplissent quelques cartons et sont conservés avec soin, mais non encore inventoriés. A Belley, les Archives ne sont pas plus importantes, et elles étaient entièrement ignorées lorsque M. l'Inspecteur général les a découvertes dans les greniers de cet hospice. L'administration de l'hôpital de Gex a déposé ses titres anciens à la mairie de la ville. L'hospice de Trévoux date de 1684 ; il fut fondé par la duchesse de Montpensier. Ses Archives sont sans importance et très-mal tenues.

DÉPARTEMENT DE L'AISNE.

Les Archives des établissements hospitaliers de ce département ne sont pas dans un très-bon état de classement. La Commission, instituée au chef-lieu du département pour donner une direction uniforme et régulière à la mise en ordre et à la conservation des Archives des communes et des établissements de bienfaisance, a vainement, pendant plusieurs années, stimulé le zèle des administrations municipales, et elle a cessé ses fonctions dont elle avait reconnu l'inutilité. Il appartient à l'administration de pourvoir à cet état de choses.

Parmi les inventaires terminés, celui de Villers-Cotterets paraît avoir été très-bien rédigé. Les Archives de l'hospice de Villers-Cotterets sont d'ailleurs peu considérables et peu importantes comme dépôt de documents historiques. Le plus ancien titre est daté de 1632. Les papiers les plus nombreux appartiennent à l'Administration moderne; quelques-uns contiennent des renseignements intéressant la statistique locale.

Hôpital de Laon. — Il en est de même des Archives de l'Hôpital de Laon, bien que cet établissement ait réuni, au XVIIe siècle, l'hôpital de Saint-Fiacre à Vaud (faubourg de Laon), institution charitable très-ancienne, mais dont les papiers ont été dispersés.

Hôtel-Dieu. — L'ancien Hôtel-Dieu de la même ville remonte au XIIe siècle, et il était situé alors près de la cathédrale. Plus tard, il occupa les bâtiments de l'abbaye Saint-Martin.

Cet établissement possède presque tout son chartrier, qui remonte à 1150, et dont l'inventaire est probablement perdu; mais on y remarque des bulles des papes, des lettres patentes, des privilèges, des indulgences, des statuts, un cérémonial, des titres d'amortissement et d'indemnités, la réunion des maladreries voisines, etc.

Les titres des cens et des rentes à recevoir à Paris.

Un grand nombre d'actes d'acquisition et de donations, des surcens et rentes en la ville et faubourg de Laon.

DÉPARTEMENT DE L'ALLIER.

Les Archives Hospitalières de Moulins, rangées avec ordre dans une armoire, sont très-peu importantes, au moins sous le rapport du nombre des documents. Elles ne comprennent que vingt portefeuilles renfermant les titres de propriétés de l'hôpital et trois volumes terriers. Les titres de propriété sont régulièrement classés sous les noms des différents biens qu'ils concernent.

L'hôpital d'Ebreuil n'a rien conservé des Archives de l'abbaye dont il a hérité : l'inventaire des titres reste seul pour nous faire apprécier nos pertes : une copie en a été déposée aux Archives Départementales.

DÉPARTEMENT DES BASSES-ALPES.

Les Archives des établissements charitables laissent également beaucoup à désirer dans cette préfecture. Il n'y en a encore que trois dont on ait pu obtenir les inventaires, et les documents n'offrent aucun intérêt historique. L'Administration seule peut avoir à les consulter.

DÉPARTEMENT DES HAUTES-ALPES.

Les Archives des établissements de bienfaisance paraissent être dans un grand désordre, à l'exception de celles de Gap, Embrun, Briançon et Mont-Genèvre : aucun de ces dépôts n'a encore été inventorié. Les documents déposés à l'hospice de Gap sont assez curieux pour l'histoire du protestantisme dans cette partie de l'ancien Dauphiné, les biens du consistoire protestant ayant été donnés, après la révocation de l'édit de Nantes, à cet établissement charitable. On y remarque surtout un registre de l'année 1633 relatif aux pensions en faveur de l'Église réformée et le livre des conclusions du consistoire de Die, 1672-1673. Mais ce dernier volume et quelques autres pièces ont été rendus aux Archives Départementales de la Drôme.

IV. BIBLIOTHÈQUES ADMINISTRATIVES.

1° PERSONNEL. (Voyez ci-dessus la liste des Archivistes, p. 9.)

2° DÉLIBÉRATIONS DES CONSEILS GÉNÉRAUX RELATIVES AUX BIBLIOTHÈQUES ADMINISTRATIVES.

AIN. — Le Conseil général vote un crédit de 600 francs pour achat d'ouvrages administratifs destinés à la préfecture et aux 4 sous-préfectures.

ALLIER. — Le catalogue de la bibliothèque administrative de la préfecture a été terminé et approuvé par Son Exc. M. le Ministre de l'Intérieur, au mois de juin dernier.

ALPES (BASSES-). — Les bibliothèques administratives de la préfecture et des sous-préfectures s'enrichissent peu à peu par l'achat des meilleurs ouvrages de jurisprudence, grâce à l'allocation annuelle de 400 francs inscrite au budget.

Le préfet fait établir, conformément aux instructions ministérielles, un catalogue supplémentaire pour les années 1858 et 1859. M. l'Archiviste a profité de cette occasion pour reviser le classement de la bibliothèque de la préfecture et disposer plus convenablement le local.

ARDÈCHE. — Deux ouvrages importants manquaient à la bibliothèque administrative de la préfecture : c'étaient le grand Répertoire de MM. Dalloz et la Collection des lois de Duvergier.

Le Préfet s'est concerté avec les éditeurs pour assurer l'acquisition de ces ouvrages dès l'ouverture de l'exercice prochain, et il demande exceptionnellement un crédit supplémentaire de 200 francs. Le crédit de 500 francs est accordé.

ARIÉGE. — Le catalogue dont la tenue fait partie des attributions du conservateur des Archives, s'enrichit chaque année d'acquisitions nouvelles, soit par les dons du Gouvernement, soit par l'emploi du crédit que vous mettez à la disposition du Préfet.

Il a été possible, dans ces derniers temps, de relier plusieurs années du *Moniteur*, et 48 volumes de cette précieuse collection sont aujourd'hui à l'abri des pertes et des détériorations qu'entraîne la séparation des numéros.

AVEYRON. — Une commission du Conseil général propose d'exprimer un vœu pour l'institution de bibliothèques de bons livres dans toutes les communes et les établissements publics. Les conclusions du rapport sont adoptées.

CALVADOS. — La bibliothèque administrative a reçu cette année les publications de l'Académie des sciences de Caen et de la Société des antiquaires de Normandie.

M. Gervais, conseiller de préfecture, nous a offert son Histoire du duché de Normandie, et M. Travers, l'Annuaire de la Manche.

CANTAL. — Le Conseil général vote la somme de 200 francs pour achat d'ouvrages d'administration pour la préfecture.

CHARENTE. — Au nombre des ouvrages à acheter, sont: *l'Art de vérifier les dates*, le *Gallia Christiana* et une *carte de France* demandés par l'Archiviste; un crédit de 600 francs est porté au budget pour achat de livres administratifs.

CORRÈZE. — Les catalogues des bibliothèques administratives ont été fournis au Ministère de l'Intérieur.

CREUSE. — La bibliothèque administrative de la préfecture est assez complète, mais celles des sous-préfectures laissent beaucoup à désirer; elles sont dépourvues des ouvrages les plus usuels et les plus indispensables, et leurs recueils incomplets déjà, faute de reliure, le deviendraient chaque jour davantage.

Le Conseil général accorde, exceptionnellement cette année, une somme de 300 francs.

DORDOGNE. — Les ouvrages donnés par les auteurs ou par les ministères sont au nombre de 32.

Hérault. — La somme de 800 francs est indispensable pour compléter l'organisation des bibliothèques administratives de la préfecture et des sous-préfectures : Elle est accordée.

Ille-et-Vilaine. — Le budget de 1861 consacre une somme de 400 francs que vous votez annuellement pour faire face aux frais d'achat d'ouvrages d'administration, de reliures et d'abonnement à des publications périodiques pour la bibliothèque de la préfecture.

Indre-et-Loire. — Les bibliothèques de la préfecture et des sous-préfectures sont tellement dépourvues d'ouvrages administratifs, qu'il y a nécessité de voter l'augmentation de 100 francs, afin d'élever à 300 le crédit de l'article 3. Dans la plupart des départements, cette allocation est de 4 à 600 francs.

Lot-et-Garonne. — La somme inscrite au budget, comme l'année précédente, est de 700 francs pour les bibliothèques administratives, et 500 francs à titre d'encouragement pour les bibliothèques communales d'Agen, de Marmande et de Villeneuve.

Orne. — Le budget des bibliothèques administratives est porté à 300 francs.

Rhône. — Le budget de la bibliothèque administrative est de 300 francs.

Savoie. — Dans le vaste cabinet de travail du Préfet, sont rassemblés tous les livres éparpillés dans tous les coins du château, sauf ceux que les bureaux de la préfecture ont besoin d'avoir constamment sous la main. Ils vont être disposés méthodiquement dans les rayons spacieux qui ont été placés à cet effet dans mon cabinet, et l'Archiviste en dressera, ainsi que de ceux restés dans les bureaux, le catalogue réglementaire, dont les bulletins préparatoires se confectionnent en ce moment.

Somme. — Dès l'année dernière, le crédit de 300 francs voté pour l'entretien de la bibliothèque administrative et son accroisement paraissait insuffisant. Cette insuffisance devient d'année en année plus évidente. Ces 300 francs suffisent à peine à compléter les collections déjà existantes, et à payer les abonnements aux ouvrages périodiques nécessaires aux bureaux. Cette année, aucun ouvrage important n'a pu être acquis : il existe même une dette de 222 francs envers le relieur.

Il est nécessaire que ce crédit soit porté à 500 francs pour 1861. Il importe à la prompte expédition des affaires, que les employés aient constamment sous les yeux les ouvrages les plus recommandables sur les diverses parties de leur service. — Le catalogue de cette bibliothèque a été rédigé avec beaucoup de soin.

TARN. — L'utilité du crédit alloué chaque année pour la bibliothèque administrative est de jour en jour mieux sentie, à mesure que se développent et s'enrichissent le précieux dépôts dont il a provoqué la création.

La somme de 600 fr. est maintenue au budget de 1861.

3° DÉCISIONS ADMINISTRATIVES. (Voy. les précédentes décisions, *Annuaire* de 1860, à la suite du *Manuel de l'Archiviste*, p. 367.)

Son Exc. M. le Ministre de l'Intérieur a décidé que les ouvrages doubles de la bibliothèque administrative du ministère seraient donnés à celles des préfectures.

4° NOTICE SUR LES ARCHIVES ADMINISTRATIVES DU MINISTÈRE DE L'INTÉRIEUR. (Voy. les précédentes notices *Annuaire* de 1860, p. 367.)

Nous avons signalé dans le *Manuel de l'Archiviste* (p. 283), l'importance de la Bibliothèque administrative du Ministère de l'Intérieur, fondée en 1839 par les soins de MM. de Lapeyrie et Vidal, et définitivement organisée par arrêté du 25 juin 1841. Indépendamment des livres imprimés, purement administratifs, dont le catalogue a été publié en 1844, mais qui depuis ont été réunies à la Bibliothèque du Ministère, on y trouve encore de très-précieuses collections de documents manuscrits dont l'état ci-après fera apprécier toute l'utilité.

Ces collections sont aujourd'hui dans les attributions du 1er bureau de la division du Secrétariat, dont M. de Lapeyrie est le chef

1° Collection des décrets concernant les objets dans les attributions du Ministère de l'Intérieur, rendus depuis le 17 brumaire an IX jusqu'à la fin du premier Empire (ampliations délivrées par la secrétairerie d'État, qui est restée dépositaire des originaux, ainsi que des rapports et des pièces à l'appui), 261 cartons.

2° Collection des minutes d'ordonnances royales contre-signées par le Ministre de l'Intérieur, depuis le 4 avril 1814 jusqu'au 20 mars 1815, 9 cartons.

3° Collection des ampliations de décrets concernant le Ministère de l'Intérieur, pendant les Cent-Jours, 6 cartons, plus 1 carton pour les actes de la Commission du gouvernement provisoire. (Les originaux sont aux Archives générales de l'Empire).

4° Collection des minutes des ordonnances royales contre-signées par le Ministre de l'Intérieur, depuis le 7 juillet 1815 jusqu'au 23 février 1848, 457 cartons.

5° Collection des minutes des arrêtés du Pouvoir exécutif, depuis le 24 février jusqu'au 19 décembre 1848, 9 cartons.

6° Collection des minutes des décrets rendus par le Président de la République et des décrets impériaux contre-signés par le Ministre de l'Intérieur, depuis le 20 décembre 1848 jusqu'à ce jour, 112 cartons.

7° Annexes des actes du Pouvoir exécutif dont les minutes sont déposées aux Archives du Ministère.

Au nombre de ces annexes se trouvent les plans des villes dont les alignements ont été arrêtés par le chef du gouvernement. En voici le détail :

569 atlas (plans généraux d'alignements des principales villes de l'Empire) ;

1343 plans roulés (alignements des boulevards, quais, places, rues, impasses, etc., de la ville de Paris) ;

251 plans roulés (mêmes alignements dans les villes des départements) ;

Plus, 73 cartons renfermant une quantité considérable de plans pliés (modifications partielles des plans d'alignements des villes, nouveaux alignements, ouverture des voies publiques, etc., dans les départements) ;

7° *bis*. Collection de décisions au contentieux du Conseil d'État, depuis 1815 jusqu'en 1860 ;

8° Répertoires et registres des ordonnances, décrets, arrêtés, etc., déposés aux Archives.

Il n'existe pas d'enregistrement journalier pour l'an IX et les années suivantes jusqu'en 1811 inclus. Les recherches se font au moyen de répertoire par ordre de matières de l'an IX à l'année 1809, et par ordre alphabétique pour 1810 et 1811.

L'enregistrement journalier et les répertoires alphabétiques sont faits sur registres distincts pour les années 1812 à 1860, sauf pour les années 1825 à 1827 et 1829, où les répertoires sont remplacés par des fiches, et pour les années 1828, 1831 et 1832, où les répertoires n'ont pas été faits. On va combler cette lacune. L'année 1831 est en cours d'exécution.

9° Collection, en minutes, des arrêtés du Ministre de l'Intérieur, depuis janvier 1812 jusqu'à ce jour, 101 cartons.

10° Enregistrement et tables alphabétiques des mêmes arrêtés, 11 registres.

11° Papiers relatifs à des affaires traitées par la Direction de la police, affaires politiques et administratives de 1830 à 1848, contenues dans 873 cartons.

(Les affaires antérieures à 1830 ont été transmises aux Archives de l'Empire ; celles qui sont postérieures à 1848 se trouvent à la Direction de la sûreté générale, préfecture de police) ;

12° Fiches de renvoi aux affaires de l'ancienne Direction de la police, tant celles qui ont été renvoyées aux Archives de l'Empire, que celles récemment versées aux Archives du Ministère, lesdites fiches contenues dans 786 paquets ;

13° Recueil des circulaires imprimées du Ministère de l'Intérieur, depuis le premier Ministère de François de Neufchâteau jusqu'en 1814, 14 vol. in-4° ;

14° Circulaires imprimées du Ministère de l'Intérieur, réunies annuellement, depuis 1815 jusqu'à ce jour, 390 cartons ;

15° Circulaires autographiées du Ministère de l'Intérieur, depuis 1833 jusqu'à ce jour, et répertoire de ces circulaires, 21 cartons.

16° Relevés des États de traitement des employés de l'administration centrale rétribués sur les fonds généraux, depuis 1816 jusqu'à présent. (Ces registres sont déposés à la division de la comptabilité) ;

17° Analyse des vœux des Conseils généraux de départements, la collection imprimée depuis 1817 ;

18° Collection générale des édits, arrêts, lettres patentes et ordonnances du roi, classés par ordre de matières et contenus dans 402 cartons. (Collection dite de Rondonneau.)

BIBLIOTHÈQUE ADMINISTRATIVE DE LA PRÉFECTURE DE L'AUBE.

Les bibliothèques administratives des préfectures peuvent être considérées à deux points de vue : à celui de la pratique administrative actuelle, à celui de l'histoire politique et administrative de la France. Un jour viendra où l'on ne pourra étudier sérieusement l'histoire de France, sans consulter une foule de documents qui ne seront conservés que dans les bibliothèques des Ministères et des préfectures, et qui, dédaignés des lettrés purs, manquent dans l'immense majorité des bibliothèques publiques et privées. On ne pourra pas autrement se rendre compte de la manière dont aura fonctionné le mécanisme des institutions françaises depuis 1789. Or, l'historien qui ne connaît pas à fond les institutions d'un peuple peut écrire sur ce peuple un ouvrage brillant et admiré du vulgaire, mais il ne composera rien de réellement sérieux ; il restera à la superficie et ne comprendra pas, n'expliquera pas les phénomènes extérieurs d'une vie dont les ressorts intimes lui sont restés inconnus.

Au point de vue de l'histoire à venir de la France, les bibliothèques administratives des préfectures contiennent donc des documents de la plus haute importance, et c'est à ce titre qu'il y a lieu d'y conserver une foule de livres et d'opuscules sans utilité pratique, et qui, considérés exclusivement au point de vue de leur usage pour le service actuel des bureaux, seraient logiquement voués à une prochaine destruction.

Ne pouvant donner que quelques lignes à la bibliothèque administrative de la préfecture de l'Aube, je parlerai seulement ici des documents qui appartiennent à cette dernière catégorie.

Commençant par les documents officiels, je citerai :

Recueil des lettres, circulaires, instructions, programmes, discours du citoyen François de Neufchâteau.

Statistique des établissements pénitentiaires en 1852 et en 1854.

De Watteville, statistique des établissements de bienfaisance, 1849.

De Watteville, rapport sur l'administration des hôpitaux et des hospices, 1851.

De Watteville, rapport sur les bureaux de bienfaisance et sur le paupérisme, 1854.

De Watteville, rapport sur les tours, 1856.

Dénombrements de la population de la France, depuis 1836.

Comptes rendus de l'administration des haras, depuis 1829.

Rapports sur les vaccinations depuis 1824.

Rapports sur les prisons de Prusse, d'Espagne, d'Angleterre, de Turquie, d'Italie, etc.

Rapports sur les prisons de France.

Tableaux de la situation des établissements français en Algérie, depuis 1846.

Expositions générales de l'industrie à Paris, rapports depuis 1819.

Rapport au roi sur la situation de l'instruction publique en 1841.

Comptes rendus de l'administration de la justice en France.

Liste des émigrés.

Compte rendu des finances par Necker, en mars 1788.

Comptes généraux des finances françaises, de l'an XI à 1810, et depuis 1826 jusqu'à ce jour.

Budgets de l'État, depuis 1831.

Procès-verbaux imprimés des séances du Conseil général de l'Aube, de 1791 à 1793, et depuis 1833 jusqu'à ce jour.

District de Troyes, tableau du maximum.

Procès-verbaux des Conseils généraux des départements, depuis 1837 jusqu'à ce jour. — Cette collection offre de nombreuses lacunes, cependant, où la trouver, même en cet état, hors des bibliothéques du Ministère de l'Intérieur et des préfectures ? Et comment, sans elle, étudier sérieusement l'histoire des Conseils généraux, comment apprécier les services rendus de nos jours par cette modeste imitation de nos vieilles assemblées provinciales ?

Parmi les documents officiels, on peut citer encore, mais à un point de vue différent, un exemplaire de la constitution de 1791 imprimé sur parchemin, et une collection malheureusement incomplète de décrets originaux de l'Assemblée constituante et de l'Assemblée législative de 1789 à 1792. Le premier de ces décrets se termine par la vieille formule : « Si donnons en mandement, » où les mots « Cour de parlement, » raturés sur la minute, ont été laissés en blanc par l'imprimeur ; les derniers décrets, sortis des presses de l'imprimerie nationale après le 10 août, sont, comme les précédents, timbrés du sceau royal : on sait qu'à la Monnaie, on a continué à frapper avec les coins de Louis XVI, après le 21 janvier.

Les documents non officiels présentent une telle variété, que j'éprouve un grand embarras : que choisir ? Collection de brochures relatives à l'indemnité des émigrés ; avis aux cultivateurs sur la reproduction et la plantation des pommes de terre ; mandements des évêques de Troyes, de Langres, de Châlons-sur-Marne, de Soissons, contre la constitution civile du clergé ; protestation du chapitre de Troyes contre la même constitution ; pensées républicaines pour tous les jours de l'année, an III ; opinion sur le projet de loi relatif aux boissons, 1829 ; catéchisme de l'Eglise catholique française, par l'abbé Chatel ; le Parfait Sapeur-pompier, par Limoge ; rapport sur les moyens de suppléer au déficit de la pomme de terre... Il me faudrait faire un livre pour énumérer les traités et les mémoires sur des questions de statistique, d'archéologie, d'agriculture, de botanique, d'administration, de droit civil, etc.

La bibliothèque administrative de la préfecture de l'Aube contient près de cinq mille volumes.

Une partie se trouve à la préfecture, dans les différents bureaux ; le reste est conservé aux Archives, dans trois corps de bibliothèque, qui ont chacun sept rayons et quatre travées : la longueur totale du rayonnage est de cent vingt et un mètres quatre-vingts centimètres. Mais les deux premiers corps de bibliothèque sont seuls complétement occupés ; le troisième ne l'est qu'en partie. Un quatrième corps de bibliothèque, entièrement vide, est réservé pour les besoins à venir.

H. D'ARBOIS DE JUBAINVILLE.

(Supplément à la page 96.)

Archives Départementales.

CIRCULAIRE RELATIVE A LA PUBLICATION DES INVENTAIRES SOMMAIRES DES ARCHIVES DÉPARTEMENTALES (1).

Paris, le 12 août 1861.

Monsieur le Préfet, dans un rapport adressé à l'Empereur, le 20 juin 1854, j'annonçais à Sa Majesté que, conformément à mes instructions, l'Inventaire des Archives Départementales antérieures à 1790 était en pleine exécution dans toute la France, et qu'il avait déjà constaté l'existence de documents intéressants et précieux.

Depuis cette époque, l'opération dont il s'agit ne s'est point ralentie. La rédaction des Inventaires des *Archives civiles* est aujourd'hui généralement terminée, et il importe de livrer, dès à présent, à la publicité, la portion de ce travail qui a déjà reçu mon approbation.

Je vous invite, en conséquence, à proposer au conseil général, lors de sa prochaine session, d'affecter ***à la publication de la première partie des Inventaires sommaires des Archives***, la somme qui sera jugée nécessaire, sauf à la répartir sur plusieurs exercices successifs, dans le cas où les premiers frais paraîtraient trop élevés.

Les Conseils généraux se sont souvent associés à la pensée du

---

(1) Cette décision de Son Exc. M. le Ministre de l'Intérieur est d'une haute importance pour les études historiques en France ; nous nous empressons donc de faire connaître les instructions données par M. le comte de Persigny pour la publication si vivement attendue des Inventaires des Archives antérieures à 1790, déposées dans toutes les préfectures de France. Comme le dit Son Excellence : « c'est une œuvre véritablement nationale » dont le public sera redevable à l'active initiative de M. le comte de Persigny.

Gouvernement en améliorant le service des Archives. J'ai l'espoir que ces assemblées comprendront l'importance d'une œuvre destinée à mettre en communication dans toute la France des documents qui intéressent à la fois l'administration, l'histoire générale du pays, celle des communes et des familles. En faisant tirer cet ouvrage à 200 exemplaires, vous pourrez, au moyen d'un échange entre chaque préfecture, livrer à la publicité de la France entière des richesses inconnues, intéressantes pour tous, et pouvant être consultées par les érudits. L'ensemble de ce travail constituera un monument unique, qui deviendra une œuvre véritablement nationale.

Je vous adresse ci-joint le modèle de la publication et je vous prie de me faire connaître, *aussitôt après la session*, le résultat du vote du Conseil général sur cette proposition.

Recevez, Monsieur le Préfet, etc.

Le Ministre de l'intérieur,

F. DE PERSIGNY.

Pour expédition :

Le Conseiller d'État, directeur général,

THUILLIER.

Paris, le septembre 1861.

Monsieur le Préfet, le Conseil général de votre département ayant voté la somme nécessaire pour commencer l'impression des Inventaires sommaires des Archives Départementales antérieures à 1790, je vous prie de charger M. l'Archiviste de préparer immédiatement la copie de ce travail destinée à être envoyée à l'imprimerie. Cet employé devra tenir compte des recommandations ci-jointes, et se conformer rigoureusement au modèle qui accompagne la circulaire du 12 août dernier.

Vous voudrez bien, Monsieur le Préfet, soumettre à mon approbation le travail de M. l'Archiviste avant de l'envoyer à l'imprimerie; l'exécution typographique des Inventaires sommaires devant être uniforme, vous devez exiger de l'imprimeur de votre préfecture qu'il se serve des mêmes types que ceux qui ont été employés pour le modèle précité.

Recevez, Monsieur le Préfet, etc.

Le Conseiller d'État, directeur général,

THUILLIER.

RECOMMANDATIONS RELATIVES A L'IMPRESSION DES INVENTAIRES SOMMAIRES.

1. — L'Archiviste devra commencer immédiatement la copie de l'Inventaire sommaire destinée à être envoyée à l'imprimerie, et la rédiger conformément au modèle annexé à la circulaire du 12 août 1861.

2. — Cette copie sera communiquée à Son Exc. M. le Ministre avant d'être envoyée à l'imprimerie.

3. — Quant à la composition typographique, le format, la justification, le papier et les dispositions diverses, tout devra être identiquement pareil au modèle joint à la circulaire précitée.

4. — Chaque série formera un cahier à part, ayant sa pagination spéciale. Cette mesure a pour but de permettre, dans certains départements, d'ajourner l'impression de la série B, qui doit être remaniée par suite des importantes réintégrations faites par les greffes des cours et tribunaux.

5. — Lorsqu'une série manquera entièrement dans un département, le titre de cette série n'en devra pas moins être imprimé en tête de page, ainsi qu'il suit :

SÉRIE A.

(Actes du pouvoir souverain. — Domaine public. — Apanage. — Famille royale.)

Aucun document de nature à être classé dans cette série.

SÉRIE B.

(Cours, Juridictions, etc.)

6. — Chaque fonds composant une même série sera indiqué en petites capitales au milieu de la colonne où il commencera. — La série seule devra être commencée en tête de page et son titre imprimé en gros caractères.

7. — Les sommaires auront de 12 à 18 lignes imprimées au plus (1). — MM. les Archivistes comprendront les inconvénients que présenterait pour une publication de cette étendue la faculté que chacun se réserverait de développer, hors des proportions nécessaires à un Inventaire sommaire, les analyses des Archives.

8. — Lorsqu'il y aura lieu d'abréger le sommaire d'un article d'Inventaire déjà approuvé par Son Excellence, M. l'Archiviste conservera l'analyse des documents qui offriront le plus d'intérêt.

9. — Si les actes analysés rappelaient des faits graves, d'un caractère privé et de nature à porter atteinte à la considération de familles encore existantes, il n'y aura pas lieu de donner ces analyses. Un dossier se composant d'un certain nombre de pièces, il doit toujours s'en trouver qui puissent être citées. Dans des cas spéciaux, en référer à M. le Préfet, et, au besoin, à Son Excellence.

10. — La copie destinée à l'imprimerie doit être commencée d'urgence, et envoyée au Ministère. Aussitôt que ce travail sera approuvé, comme il

---

(1) Ces douze à dix-huit lignes ne sont applicables qu'aux articles qui peuvent les comporter, et les sommaires ne doivent pas dépasser cette étendue; mais les documents par trop insignifiants devront être analysés plus brièvement.

faut un certain espace de temps pour la composition typographique, cette copie sera remise immédiatement à l'imprimerie et l'impression commencée de suite.

11. — Les épreuves une fois corrigées (et avant de donner le *bon à tirer*) devront être de nouveau envoyées en communication au Ministre, qui y mettra son visa.

12. — Malgré ces instructions spéciales, les Inventaires sommaires exécutés en vertu de la circulaire du 20 janvier 1854 ne devront pas moins être continués dans la forme prescrite et être envoyés au Ministère par cahiers de six feuilles.

Le Chef de la division du Secrétariat,

A. DE MARTRES.

CONSEILS GÉNÉRAUX. — Session de 1861-1862.

LISTE DES CONSEILS GÉNÉRAUX QUI ONT VOTÉ DES FONDS POUR COMMENCER IMMÉDIATEMENT L'IMPRESSION DES INVENTAIRES.

Ain.
Aisne.
Allier.
Alpes (Hautes-).
Ardèche.
Ardennes.
Ariége.
Aube.
Bouches-du-Rhône.
Cantal.
Charente.
Charente-Inférieure.
Corrèze.
Corse.
Côte-d'Or.
Côtes-du-Nord.
Creuse.
Dordogne.
Doubs.
Drôme.
Eure.
Finistère.
Garonne (Haute-).
Gironde.
Hérault.
Isère.
Landes.
Loire.
Lot.
Maine-et-Loire.
Marne.
Meuse.
Moselle.
Nord.
Orne.
Pas-de-Calais.
Pyrénées-Orientales.
Rhin (Bas-).
Rhin (Haut-).
Rhône.
Saône (Haute-).
Saône-et-Loire.
Sarthe.
Seine-Inférieure.
Seine-et-Marne.
Seine-et-Oise.
Sèvres (Deux-).
Tarn.
Var.
Vendée.
Vienne (Haute-).
Yonne.

CONSEILS GÉNÉRAUX QUI ONT AUTORISÉ LA DÉPENSE SANS FIXER LE CHIFFRE.

Alpes (Basses-).	Indre.	Lot-et-Garonne.
Eure-et-Loir.	Loiret.	Tarn-et-Garonne.

CONSEILS GÉNÉRAUX QUI ONT AJOURNÉ LEUR VOTE A L'ANNÉE 1863.

Alpes-Maritimes.	Loire-Inférieure.	Basses-Pyrénées.
Calvados.	Manche.	Hautes-Pyrénées.
Cher.	Haute-Marne.	Savoie.
Ille-et-Vilaine.	Mayenne.	Haute-Savoie.
Indre-et-Loire.	Meurthe.	Somme.
Loir-et-Cher.	Oise.	Vaucluse.

CONSEILS GÉNÉRAUX AUXQUELS LA PROPOSITION N'A PAS ÉTÉ SOUMISE.

Aude.	Puy-de-Dôme.	Vosges.
Haute-Loire.	Vienne.	

Les Conseils généraux de France ont accueilli très-favorablement la proposition du Gouvernement de faire imprimer les Inventaires sommaires des Archives Départementales antérieures à 1790. Un grand nombre d'entre eux ont même adopté ce projet avec empressement, et donné une approbation entière à la pensée de Son Exc. M. le Ministre de l'Intérieur, en votant les crédits demandés. Une somme de 20,000 francs a été ainsi affectée à cette publication nationale sur le budget de l'année 1862, et nous pouvons même annoncer que l'impression va être incessamment commencée pour plusieurs départements.

Nous savons du reste que l'imprimerie de M. Paul Dupont a offert à MM. les préfets de se charger de l'impression des Inventaires sommaires, et d'en faire le tirage à 400 exemplaires dont 200 seraient mis à la disposition du public. Le produit de cette vente viendrait chaque année en déduction des frais d'impression.

Par décret impérial, rendu sur le rapport de Son Exc. M. le Ministre de l'Intérieur, M. Lepage, archiviste de la Meurthe, est nommé chevalier de la Légion d'honneur.

TABLE DE L'ANNUAIRE DE 1861-1862.

Paris, impr. Paul Dupont, rue de Grenelle-St-Honoré, 45.

www.ingramcontent.com/pod-product-compliance
Ingram Content Group UK Ltd.
Pitfield, Milton Keynes, MK11 3LW, UK
UKHW021054200726
13857UKWH00003B/909

9 782012 86818